用心了解韓國

通往韓式心靈的12個關鍵字

心で知る，韓国

小倉紀藏（おぐら　きぞう）——著
何源湖——譯

目次

朝鮮半島地圖

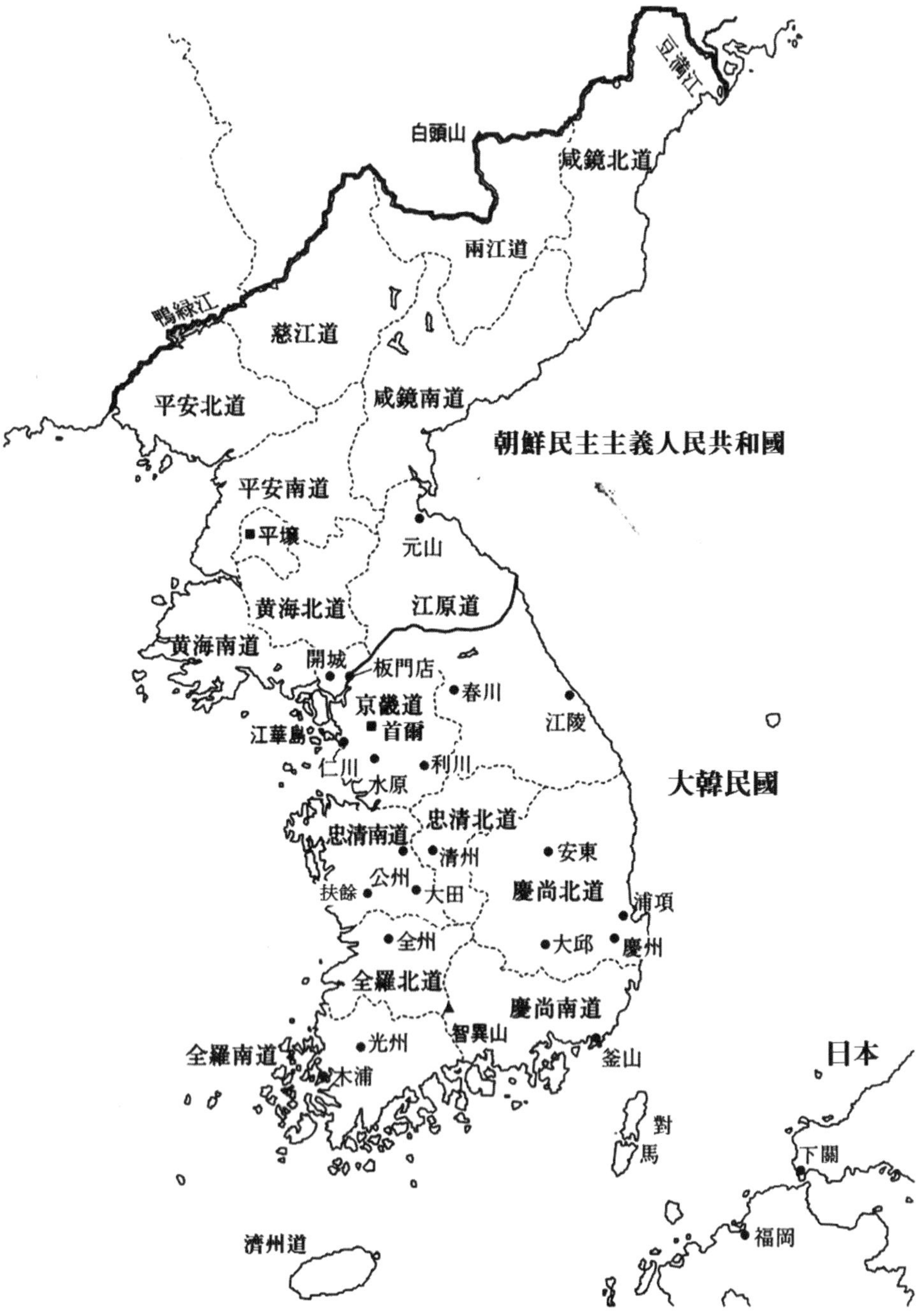
豆滿江
白頭山
咸鏡北道
兩江道
鴨綠江
慈江道
咸鏡南道
平安北道
朝鮮民主主義人民共和國
平安南道
平壤
元山
江原道
黃海北道
黃海南道
開城
板門店
春川
京畿道
首爾
江陵
江華島
仁川
水原
利川
大韓民國
忠淸北道
忠淸南道
淸州
安東
公州
扶餘
大田
慶尙北道
浦項
全州
大邱
慶州
全羅北道
慶尙南道
智異山
光州
全羅南道
木浦
釜山
日本
對馬
下關
福岡
濟州道

大韓民國概要

面積：九萬九千五百八十五平方公里（大約為朝鮮半島的百分之四十五，日本北海道的一點二倍）。

人口：約五千零四十二萬人（二〇一四年）

首都：首爾

人種：朝鮮族（韓族）

語言：韓語

宗教：佛教百分之二十三點六、基督教百分之十八點六、天主教百分之七、儒教百分之零點七。

貨幣：韓元

簡史：西元三世紀末期成立了氏族國家，接著是高句麗、百濟、新羅的三國時代（四世紀—六六八年），統一新羅時代（六六八—九三五年），高麗王朝（九一八—一三九二年），朝鮮王朝（一三九二—一九一〇年），並且經歷過日本的殖民地統治（一九一〇—一九四五年）。第二次世界大戰後，北緯三十八度以南的地區交由美軍管轄，並於一九四八年成立了大韓民國，同時間朝鮮半島北部也成立了朝鮮民主主義人民共和國。

資料出處：韓國國家情報院、韓國國家統計廳

第一章

韓國人的心理

「韓國人的心理」是什麼？

雖然都稱作「韓國人」，但光是大韓民國的人口就有五千零四十二萬三千九百五十五人（韓國統計廳二〇一四年十月一日資料）。況且，想要不明就裡地來談論「韓國人的心理」，完全就是件不可能的任務，也不能淪為那種試圖聚焦在「民族性」上頭的慣用招數。

人心這種東西，每個人都不一樣；正因為大家都是獨立的個體，所以心境也是時時刻刻都在改變的。

但是在看過韓國的電影或連續劇之後，總是會覺得有種跟日本人很不一樣的心情起伏，就像是韓國人的內心想法，而這也是事實。

當然，心理狀況這種東西每個人都不同，這件事我十分清楚。話雖如此，但不管怎樣還是相當在意「如果是日本人的話，才不會有這種心情起伏呢」這一點。而我一旦放在心上，就會無時無刻地只想著這件事情……果然一定存在著韓國人特有的內心想法吧？思索到最後，我對此深信不疑。

絕不是搞錯了方向，也不是要絕對性地歸納出「A國人是懶惰的」或「B國人是開朗的」，而且還說不可能存在著「不符合這種歸納的A國人或B國人」，那樣確實是過於草率了。但是，想到像韓國人這樣，由長期堅守本土語言及文化的、高度均質性民族所構成的人群，還認為他們完全不具備某種程度的共同文化特質，很明顯也是過於武斷了。

因此，我們若能針對「韓國人的心理」這方面謹慎考察，應該能從中分析出一定程度的特質。不過，無庸置疑的，這些特質並不是絕對吻合每一個韓國人而且絕對不會改變的定律，不管怎樣都會有例外發生。

重要的是要先確認這一點。

第一節　「恨」與「情」

韓國連續劇全都是「大河劇」

前幾天，我與某位日本電視連續劇製作公司的相關人士談到了韓國的連續劇，那位先生是這樣說的：「在韓國，連續劇最前面幾集都是主角小時候的故事，因此經常要找童星來飾演主角，但是在日本就不能這樣做了。」問到為什麼沒辦法這樣做，他回答說，如果以「某某大明星主演」為主要宣傳手法，但是最前面幾集卻沒有讓這個大明星出場，在日本除了大河劇以外，是不會被允許的。

這可能是日本與韓國演藝體系不同的緣故，不過另一方面也是因為觀眾對連續劇的期望不同，與此相關的就是韓國人的「恨」（한）這種情緒。

韓國的連續劇，不管是愛情劇、社會劇，還是其他類型，前面幾集固定就是主角小時候的故事，若不這麼安排，這齣連續劇就沒辦法演下去。也就是說，即使是愛情連續劇也要用大河劇的製作方式。

最前面主角小時候的那幾集究竟要講什麼呢？這個階段的作用，是要充分說明主角從小與周圍人物的不幸遭遇，但有時候是過於充分了。出生的祕密、疾病、事故、陰謀、生離死別……等等橋段，也在這幾集大量地使用。NHK在二〇〇五年推出大河劇《義經》，雖然也在開頭兩三集詳細呈現源氏棟樑之子牛若丸[1]所背負的重大不幸，十分令人動容；但是韓國連續劇主角命中注定要承受不幸的密度，大致上是牛若丸的三倍左右。

「恨」＝「憧憬」＋「懊悔」

「한」這個字，漢字寫作「恨」，而這個漢字的韓語念法念作「憾」。

換言之，「한」就是「憾恨」的意思，但是和日文「うらみ」（怨）的意思卻不太一樣。日語的「怨」是有對象的，是針對某人或某件事所抱持的情緒；而韓國人的「恨」在大多數情況下，是在自己內心醞釀生成的。此外，「怨」的相對詞是「開朗」（晴らす），而韓語「恨」則相對於「解開」。也就是說，對引發這種情緒的對象進行復仇，可以消除日本人的「怨」，韓國人的「恨」卻並非如此。在人生漫長旅途上，人們被無可奈何的命運玩弄、虐待、折磨，這條長路像繩結般糾結成一團就是「恨」。所以可以這麼解釋韓國人的「恨」：比起向特定對

1 譯註：牛若丸為主角源義經的乳名。

象復仇來消除怨恨，還不如某一天自己突然解開內心的死結以獲得解脫。

我認為，是先有「憧憬」，才形成了這種「恨」的情緒。對於自己的理想狀態、應有的形象、應該取得的位置……由於各式各樣的理由，被迫無法達成這些事物時，「恨」就會在韓國人心中累積起來。也就是說，對於理想狀態、應有的形象、應該取得的位置等等所抱持的「憧憬」，與希望接近這些事物卻遭受挫折的「懊悔」、「悲傷」合併在一起的情緒就是「恨」。

暗地裡支撐「恨」這種情緒的，就是儒教的思維。儒教，特別是朱子系統性善說的儒教，是一種徹底的上進意向思想。這種思想認為，不管怎樣的人都擁有百分之百的善性（道德性），只要努力鑽研發揮的話，就能提高社會地位，所以韓國社會是每個人都懷著強烈上進意向在作戰的嚴苛競爭社會。

但是實際上，每個人都各自有著各式各樣的問題，並且因此無法提升自我，所以受到挫折。受挫時所生出的懊悔，雖然是人類共通的情緒，但是像韓國這樣因性善說而形成的上進意向社會，由於在理論上讓所有的人都相信自己有可能晉升，所以遭遇現實挫折時，懊悔情緒也就來得格外強烈。

換言之，理論上自己能夠前往理想中的境界、心嚮往之的地位，但現實中卻受到挫折，因為無法達成目標而形成的懊悔、悲傷情緒，這就是「恨」。

「憧憬」並不是韓語的固有詞[2]，它是從漢語借來的。不存在「憧憬」這個重要固有詞的原因，一定就是因為「恨」這個字中已經隱含了「憧憬」的意思。

復仇的「恨」

韓國人的「恨」是對自身命運、境遇所懷的情緒；但是，若這樣就說韓國人沒有對敵人或仇人的復仇心，當然是不可能的。回顧歷史，譬如朝鮮王朝（一三九二—一九一〇年，但一八九七年以後為大韓帝國），這是一個兩班（特權階級，參閱第一四八頁）進行劇烈黨派鬥爭，數百年間都在上演血債血償復仇戲碼的時代。

但是，伴隨這種復仇心態而來的忿恨，大多稱為「怨恨」、「快心」，這與前面提過的「恨」大體上是有所區分的。不過這種陰暗情緒被稱作是「恨」的情形也很多。

韓國西江大學教授金烈圭認為，「恨」有「白色的恨」以及「黑色的恨」（金烈圭，《韓國再發現》，朝日新聞社，一九八八）。「白色的恨」是「某種怨恨在心頭累積後轉而傷害自己的情況，但絕對不會轉移到第三者身上的恨」，「在傳統家庭、家族之間經常發生」。

相較於此，「黑色的恨」是懷抱怨念而死的遊魂，甚至會以轉移怨恨到第三者身上的方式來顯現。為了平息這股令人畏懼的怨念，韓國有為數眾多的巫堂（薩滿巫師）。

可以說「白色的恨」是針對「應有形象、位置」的「憧憬」這一面的「憾恨」；「黑色的恨」則是將「挫折的悲傷」轉嫁給他人的「怨恨」。

不管怎樣，韓國人的「恨」並不單純只是種陰暗的情緒，它同時具有「未來目標性」（朴

2 譯註：「固有詞」是一種語言中原本就有的、原生的字詞，不是從其他語種引進。相對的就是「外來語」。

景利，小說家）的「夢想」性質（李御寧，參閱第一〇一頁），因為「恨」很明顯地蘊含「憧憬」的一面。

就像這樣，韓國人的「不滿情緒」是多樣的，而引發這些各式各樣情緒的原因也是五花八門。所以在韓國的連續劇中，一開始的幾集裡頭詳細交代登場人物各自心中「不滿」的由來，並促使觀眾進入情緒的這種「儀式」是必要的。

觀眾一邊看著連續劇，一邊對「這個女生的恨是蓄積了多少啊？為了解開這份恨的情緒，她從現在起又必須怎樣地開創往後的人生？」或是「這個男生對於自己的命運並不是抱持著內省的恨，而是具攻擊性的怨恨，真期待看到他要在何時且如何去復仇。」等等，進行各種深思。

先前提到過，「韓國連續劇中的愛情劇也是大河劇」，但如果不是像大河劇般地，將複雜人際關係的「感情關係圖」深刻地描繪出來，韓國觀眾是絕對無法接受的。

不幸是光明的理由

就像這樣，在韓國的連續劇中，會詳盡地描繪登場人物的「不幸」以及「不滿的情緒」，因為這和日本過去的大映連續劇[3]以及少女漫畫非常相似，所以對日本的粉絲來說是非常有魅力的。

如果只是這樣固執地描寫多重的不幸、陰謀、殘忍及鬥爭的話，劇情就會變成更加陰沉、冰冷且回天乏術的模樣。不過韓國連續劇的情況是，即便它所描繪的世界接連不斷地出現不幸，觀賞時並不會覺得劇情有那麼地陰暗，這是為什麼呢？

其中一點是前面提過的「性善說」的影響。也就是說，不管什麼樣的人，在理論上都有百分之一百的可能性可以提升地位。在這層意義上，下位者理論上是和上位者完全平等的存在，韓國人就是擁有這種強烈的信念。因此，在韓國連續劇中，不管怎樣的醜女也能在發表意見時，無所顧忌地侃侃而談駁倒美女，不管怎樣貧窮的人也能以「人性」做為武器，堂堂正正地與富豪唇槍舌戰。換句話說，世界觀並不灰暗，而且是異常樂觀光明的。

若是日本的連續劇或少女漫畫，這樣就行不通了。在日本的情況裡，樂觀性善說的基礎非常薄弱，而且認為在理論上人類並沒有提升地位的可能性，因此有強烈的唯美虛無主義傾向。換個角度想，雖然說熟悉虛無主義及唯美主義的人會覺得韓劇中的樂觀成分以及人物形象單調且無趣，但韓國依然持續這麼做，因為以他們的國情而言，若不是以圓滿大結局收尾的話，觀眾可是會群起抗議的喔。

當然不能說韓國社會是平等的自由社會，不如這麼說吧，比起日本，韓國是一個差別待遇、上下尊卑世界觀更為強烈的社會。但是韓國人不僅很乾脆地接受這樣的現實，還對「那麼

3 譯註：是指大映電視公司於一九七〇—八〇年代製作的寫實連續劇，與其他連續劇不同，具有「誇張、激烈的心情起伏戲碼」、「登場人物陷入僵局的故事展開」等特徵。

要怎樣在這種不講理的社會中不受到差別待遇，得到更加自由的地位呢？」灌注了全身的精力。因此社會全體充滿動態，所有人都在極力主張理論上的平等，全國上下每天就像祭典一般地熱鬧。

「情」的力量

韓國連續劇「雖然只有接連不斷的不幸，也不會感覺到灰暗」的另一個理由，就是「情」（정，jeong）這個關鍵字。以下對此進行說明。

「情」這個字與日語中的「同情」（情け）是不一樣的。現代日本語的「同情」，很明顯地意味著對可憐人們抱持著憐憫同情之心，而韓語中的「情」則是有著稍微深刻的意義，兩者有細微的差別。當然韓語的「情」也有「憐憫」、「慈愛」的意思，但簡單地來說，「自己與對象，在『橫向關係』上孕育出溫柔對待的情感」就是「情」。「情」當然也有上位者保護下位者或給予恩情的意思，但即使是在這種上下尊卑的狀況裡，也可以看得到某種程度的橫向關係。

韓國人經常會說「我們是多『情』的民族」。的確，我在韓國生活時發現，素不相識的少女會在公車上幫忙提行李，未曾謀面過的大嬸說了：「來吃水煮蛋」之後，就要我「啊」地張開嘴巴。同學系的學生、同社團的社員、同故鄉的鄉親、吃著同一鍋菜的人們，大家都因為「同」這個關鍵字而形成了堅固的羈絆，互相給予彼此「溫情」。

這是個沉重的「同」之輪、無底的「溫情」泥沼，若要說韓國人為什麼會如此地一直拘泥於「同」及「溫柔＝情」，就像前面提過的那樣，這是因為韓國社會是一個有著嚴格差別待遇以及上下次序的社會。

不管是有多麼地堅信上進可能性的樂天韓國人，還是會對隨時隨地的競爭感到疲憊不堪。所以，當差別待遇與劇烈競爭的情況愈發嚴重時，補償作用的「溫柔＝情」的力量也就不得不隨之強化。若是把差別待遇與競爭當成是追求「差異」的垂直軸世界，「溫柔＝情」的世界就是尊崇「同」的水平軸世界（不過慈愛或恩情的這種「情」，也有垂直的概念。換句話說，施與恩情的人與蒙受恩惠的人，是垂直的「支配－被支配」的關係）。

因為這種「情」的力量非常強烈，所以儘管韓國連續劇的故事鋪陳無論如何全都是些不幸及不講理的事情，也不會讓人感到鬱悶不舒服。「恨」、「怨恨」、「嫉妒」、「競爭」、「差別待遇」放大到最大的時候，就會在絕佳的時機點發動「情」，使這些情緒消失、平均化並施予療癒，這類手法在韓國連續劇中頻繁地出現。「垂直＝差異」軸、「水平＝相同」軸，這兩個正好相反的主軸，在韓國的連續劇中實際運用得相當靈活巧妙。

第二節　至高的「道德」

這種「不自然的感覺」是什麼？

了解以上這些事情之後，我們再來談談韓國連續劇。

應該還有會什麼新發現吧！

接觸過韓國連續劇、電影，或是看過韓國演員專訪的大多數人，都會對他們的台詞或談吐之優美、直率及有力感到驚訝，然後感受到其中的魅力。同時，大多數日本人也都注意到，這類話語在日語領域中很少被使用，假如用了，也一定會給人十分做作的感覺。

對於真心相愛的人來說，對方的心才是最好的房子。

這是《冬季戀歌》中，女主角鄭有珍對男主角李民亨講的著名台詞，這也因為是尹錫湖導演最為喜歡的台詞而相當出名。當有珍（崔智友飾演）被民亨（裴勇俊飾演）問道「喜歡怎樣的家呢？好比廚房要這樣，客廳要那樣之類的」，有珍回答「家的外貌並不是問題」之後，便講出剛剛的台詞。

的確是強而有力、優美且直率的台詞。

但是這裡頭卻存在著某種不協調的感覺，最起碼我有這種感覺。更明白地說，就是「很難喜歡上會說這種話的人」。

為什麼呢？

太不自然了！這種像是中學校刊上的社論，或課堂模範作文之類的內容，沒有特地請你講給我聽的必要，因為你講出這樣的話就等於嚴重地傷害到了你自身的智慧與品格。——嗯，是我的話就會這麼想。但是《冬季戀歌》的粉絲卻不是如此，他們反而從這段台詞中感受到智慧與品格。

我認為這段台詞一下子就將兩位成人之間的交流糟蹋殆盡，是段幼稚無知的言談。不光是我，只要是日本人的話，大部分人都會用這種美學標準來評斷。這種台詞能毀掉一切，成人之間的交流，就是要刻意除去這種像是《小王子》般的認知基礎後才能成立的。對熟悉後現代思想的我來說，這段台詞簡直就是在瞧不起對方啊。這並不是說有珍所要表達的「心靈高於物質」的「重要真理」不重要，而是驚訝於她居然用「你應該能理解我這種說法吧？」的姿態來評估對方。發言者本人在沒有察覺到這段話只是「是成年人都早該知道了」的陳腐真理的情況下，就將對方給牽扯了進來，根本就是個反應遲鈍的人。

可是民亨在聽到有珍說出這段話之後，做出了大吃一驚才回過神來的表情，心裡還覺得「這個人好棒」，彷彿他是第一次聽到這個人生真理似的。這實在是幼稚且讓人感到羞恥的場景。

不光只是這段場景，韓國的連續劇及電影全部都是這種情況，看到就讓人覺得臉紅害臊。

同樣地，《冬季戀歌》中，在有珍和民亨工作的工地現場裡頭，有工人酒醉不省人事後差一點就被活活凍死。於是民亨說出自己無法與這種連自我管理都做不好的人一起工作，想要中止雙方的雇用契約。於是有珍就向民亨放話說：

我不想和理事這樣沒人性的人繼續共事下去！（直譯）

雖然日本版配音將台詞中「沒人性的」替換成「冷酷的」，但原本的韓語台詞確確實實就是「沒人性的」。

在日語的領域中，會這樣說話嗎？有珍與民亨簽有契約，是聽從民亨使喚的員工，彼此間是工作上的關係，而且是很清楚的上司與下屬間的關係。對具有上司這種身分的民亨，下屬有珍嚴厲指責他「毫無人性」。這在日本是不可能發生的，而且如果被人這樣子地說，受到指責的一方一定會很明顯地感覺到不愉快。

但是希望各位讀者能仔細地看這一幕。仔細看就會發現，在有珍說出這段台詞之後，民亨剎那間忽然露出了高興的表情！真的，他表現出來的反應，就和有珍說出「對於真心相愛的人來說，對方的心才是最好的房子」時，是完全一樣的表情。民亨反而認為「唉呀，這個人好棒，還充滿了人情味」。

這讓人感到不可思議，但是在韓語的領域中，卻不是完全不可思議的事情。

道德意向性

會覺得韓國的社會與日本有本質上的不同，大概就是由於這樣的交流模式吧。人與人之間的交流成立的時候，當中有種模糊不清，說起來像是種「媒介感」的東西。那是什麼東西在從中作用呢？

就是「道德」。

「韓國人是具有『道德意向』的人們」，過去我曾經這樣說過。那是在說他們具有一種「傾向」，傾向將每個人的一言一行完全回歸到道德性這點上來予以評價。

「道德意向的」與「道德的」是不同的概念。這不是在說韓國人全都生活在道德之中，那裡也有很多心狠手辣、不道德的韓國人，只是說他們用道德來評價人的傾向非常強烈。

無論是運動選手、歌星，還是演員，都不會僅憑他們自身的「技術」來論斷，還要用這個人的品德如何來評價他，韓國就是這樣的社會。

所以，以日本人的角度來看韓國人的交流方式，怎樣都會覺得「太可疑」了——為什麼必須三不五時就強調自己是「好人」、「有道德的人」呢？

在這種交流的背後都存在著「我們是有道德的、有人情味的，而我們以外的人們都是不道德的」這種認知。在道德的「우리」（u-ri，我們）之外存在著廣大的不道德領域，這種認知

是由歷史孕育而成的「韓國的地緣政治學」。

我仍然在韓國人的這個面向上，持續地有著「違和感」。

第三節 「理」與「氣」

討厭區分「真心話」與「場面話」的韓國人

在韓語的領域中，不知為何，日本人總是會覺得不自在。反過來說，韓國人並不會覺得韓語的領域有什麼不可思議之處，反而是會對日語領域感到不可思議。

而日本人與韓國人交流時的誤會就在這裡發生。對韓國人來說，日本人的對話裡頭也有種不協調的感覺，因而總讓他們覺得不舒服。

韓國人對日本人有著各式各樣的印象，其中，由於日本人的「心理」而形成的負面印象裡頭，最主要的大概就是「日本人會區分真心話與場面話」。

日本人是不會講「真心話」的，即使彼此已經交往了很長的一段時間，但還是只會說「場面話」，所以沒辦法相信他們。而我們自己韓國人只要交情變好，就會毫無保留地傾訴，試著建立起厚實的「情」的關係，但日本人卻討厭這樣的做法。他們見外又孤單，而且還因為日本人表面上的「場面話」和內心的「真心話」一定不同，所以韓國人到最後一定會被日本人背叛。

大多數的韓國人就是這樣想的。

的確，日本人的心理有「真心話」和「場面話」的分別。但並沒有「總是」任何場合都只講「場面話」，也不是經常都會將這兩者區分開來的。

不過韓國人卻不是這麼看的。他們大多數會對日本人抱持著不信任感，就是起因於「心理的雙重性」這一負面印象。

內心是醜陋的，所以清楚地分割成兩部分，一部分是真實的，而另一部分是虛假的。在人際關係之中，基本上只會表現出虛假那一邊的內心……韓國人會厭惡這種雙重性，是因為在他們觀念深處存在著「內心應該是一個整體」的強烈想法。這是儒教的精神概念，也是意識形態。韓國有句話叫做「一片丹心」（一顆真摯的心），指的就是內心不管如何地切割剖析，都不會表現出不同的面貌，一定只會有一種堅定的個性的信念。

韓國人的雙重性

雖然是具有這樣濃厚儒教精神的韓國人，但其實大多數的日本人也都對於「韓國人也擁有某種雙重性格」的情況，而感到不知所措。

要說起在什麼時刻會有這種感覺的話，譬如說，日本人經常會有「白天的韓國人和晚上的韓國人不一樣」的這種印象。

白天在會議室裡頭口沫橫飛地爭論，像是看到仇人一樣，指著對手錯誤的地方當眾羞辱他。就在日本人想說：「這下這份工作是完蛋了吧。」正要收拾公事包回家的時候，韓國人卻平靜地說：「等下一起去吃飯吧。」然後，開始一起吃飯時，韓國人就一改剛剛嚴肅刻板的態度，放鬆表情搭著你的肩膀，自顧自地宣稱「我們是朋友」。長夜漫漫、人生苦短。韓國人急躁地接近我們，想要一口氣縮短彼此間心的距離。

從日本人的角度來看的話，會對到底哪一邊才是「真正的樣貌」而感到不知所措。宛如仇人般糾正我們的白天的韓國人，以及像老友一樣毫無隔閡地給予「情」的夜晚的韓國人，雖然的確都是同一個人，但態度卻有天壤之別。這或許就像「真心話」與「場面話」那樣，其中一邊想要將另一邊隱藏起來吧？這樣一來，白天與晚上，哪一邊才是「真心話」呢？實在是搞不懂，煩惱也就由此而生。

這樣子的煩惱，在與韓國人的交往中是非常常見的情況。然後才終於搞懂，不管是白天的韓國人還是晚上的韓國人，他們都是「真正的韓國人」，並不是其中一邊是「真正的」，而另外一邊則是「虛偽的」。雖然是完全相反的兩種態度，但是對那位韓國人而言，兩邊都是「真正的」。在這層意義上，這種雙重性並不是像「真心話」與「場面話」那樣，而是在韓國人的自我意識中，始終讓他的「心」保有完整的「一體性」。

「理」是什麼？「氣」是什麼？

那麼，怎樣才會衍生出這種「表面上的雙重性」呢？

要解開這點的關鍵字是「理」與「氣」。關於這點，因為在拙著《韓國是一種哲學》（講談社，一九九八）中有詳細的說明，所以這裡只做簡單扼要的解釋，大體上來說，存在於韓國人心中的雙重性，就是「理」與「氣」。

儒教，特別是朱子學，認為世上萬物都是由「理」與「氣」兩者所構成的。「氣」是萬物的物質性那一面，以人類來說，肉體就是「氣」，還有感情、感覺、生命等也是屬於「氣」的一面。相較於此，屬於「理」的這一面指的是邏輯、原理、道理等，這與道德性是一體的。

若用小學生都能理解的話來說明，「理」就是道理的理；「氣」是心情的心。會認為身體性及物質性都屬於「心情」，這是因為根據儒教的想法，「氣」這種物質性構成了人類的身體，而人類的情感就是來自於這個身體性。

那麼，一切的存在都是由「理」與「氣」所形成的，而人類也同樣如此。人際關係及社會生活、政治與經濟也全部都是由「理」與「氣」所構成的。

在人際關係中，按照把「理」擺第一，或是以「氣」字當先的不同，而分離出了「喜歡爭論、嚴肅刻板的韓國人」以及「充滿感情、熱誠真摯的韓國人」。

不過，不管是怎樣的人，百分之一百都擁有「理」與「氣」，只是說當下要讓哪一邊擺在第一順位的問題而已。所以當事者完全不會意識到哪邊是謊言哪邊是真實的區別。

這和日本人有意識地將「真心話」的自己與「場面話」的自己明確分開使用，是完全不一樣的事情。換言之，韓國人完全沒有注意到自身的雙重性。

小泉訪問北韓的「理」與「氣」

我們可以舉出小泉純一郎首相與北韓金正日總書記之間的關係來做為被「理」、「氣」所束縛的案例。

「一提到所謂的獨裁者，很多人的印象都是可怕且讓人毛骨悚然的，但在實際見面交談過後，他其實是一個穩重、爽朗而且很健談的人。」小泉首相在第二次訪問北韓後的二〇〇四年五月二十七日，提到金正日總書記時這麼說。

可以說是有些「時代錯亂」的發言吧。確實，在過去，關於金正日總書記的為人，外界所知甚少，只留下了好萊塢式「邪惡帝國統治者」的印象。但是在二〇〇二年九月小泉首相第一次訪問北韓之後，日本媒體就超乎想像地大量報導金正日總書記的畫面及資料，結果就使大多數的日本人都已經知道金正日是個爽朗且健談的獨裁者。

即便如此，隔了兩年，小泉還是發表了剛剛提到的談話。這表示說，即便是已經會面第二次了，小泉首相本身仍然對於「印象與實際狀況上的落差」感到驚訝的事實。

而這才是在心理上被北韓所束縛的第一步而已。二〇〇〇年六月，韓國的金大中總統訪問平壤時，第一次直接聽到金正日總書記的聲音，接觸到他活生生樣貌的韓國人，都驚訝於他的爽朗、熱情洋溢以及健談的舉止。從此之後，韓國人的心就迅速地被北韓吸引住。

小泉首相的發言透露出，當北韓沒有違背原理原則——也就是「理」的時候，意外地充滿感情——也就是「氣」的事實。對秉持「理」或「氣」一元論的人來說，這的確是讓人感到吃驚的。不過，認為喜歡爭論的人就沒有人情味，或是情緒豐富的人必定沒有邏輯性的想法，當然是錯誤的。況且，北韓是個讓原理原則的「理」與人類感情的「氣」一同全速運轉地來管理國內，並且與外國進行交涉的國家。

依原理原則來強化的世界，以及將感性、情緒擺在第一的世界，運用這兩個世界建構出人際關係，這並不僅限於東亞地區，在外交的場合上也是古典的作法。美國雷根總統與中曾根康弘首相「隆—康」關係的建立，就表現出雙方「氣」的結合在「理」當中發揮出重要的作用。而且九〇年代後半非常險惡的日韓關係會在一九九八年之後戲劇性地好轉，也是金大中總統與小淵惠三首相之間「氣」的交流所導致的。

小泉首相的「瀨戶際戰法」[4]

小泉首相的第二次訪問北韓，陷入了正反兩派的爭論之中。

4 譯註：所謂「瀨戶際外交」，是日文的成語，意指「陳兵於對方海岸線之前，擺出威脅姿態，以獲取最大利益」。

的確，最高領導人連續訪問兩次的行為，不管是從外交上的常識，或是東亞的傳統人際關係來看，都大大地逾越了原理原則——也就是「理」。這無法說成是對於採取傲慢且無理態度的金正日總書記，小泉首相為了要守護日本國家威信以及日本人自尊心而採行的做法。而且我們得到的利益太少，付出的好處太多。為了國內政治而利用外交，受到這種責難應該也是在所難免。

對於這樣的結果，當時有六成以上的日本國民卻做出了肯定的評價，這一事實除了讓人驚訝以外，還是驚訝。輕視「理」，只優先處理感情這種「氣」的現代日本人的危機，在這裡如實地呈現出來。

那麼就應該全面性地否定小泉首相訪問北韓的行為嗎？我並不這麼想。應該認為小泉首相是想要用第二次訪問北韓的機會，施展小泉流的「瀨戶際外交」政策。北韓由於對於自身正當性的執著，而且始終都對他國抱持敵意，以這種態勢對我們展開了他們的「瀨戶際外交」。我們應該解讀成，小泉首相是為了要與之對抗，才秉持著「思無邪」（《論語》為政篇，原本是《詩經》內的一句話）的愚直及氣魄，想要以小泉流的「瀨戶際外交」挑戰北韓的「瀨戶際外交」。

脫離原理原則的反常行動不是「理」，而是「氣」的行為。為了讓國民真的理解這種出人意表的拚命行為，小泉首相必須更加強化對國交正常化的理念及邏輯——也就是「理」，並向國民說明清楚。

這位首相的脾氣在這之後也未曾改變。二〇〇五年夏天，就是這樣的小泉一口氣解散眾議院，進行全面重新選舉，並向反對派地盤送出「刺客」，這股「氣」的勢頭十分猛烈。小泉首相以「郵政民營化」為「理」，並在道德目標上貫徹「解散」、「肅清反對派」以及「刺客作戰」的行動，但實務的論述裡面是否存在著邏輯充分的「理」？還是個問題。然而，以這位首相的情況而言，由於不管什麼事物都能貫徹自身意志的「氣」過於強烈，而讓國民深信他那裡確實是存在著「理」。

第四節　與日本之間的比較

與韓國連續劇最為相似的是……

那麼接著來討論一下關於支撐「韓流」作品的心性論（「韓流」是指韓國大眾文化在日本、中國、東南亞受到廣大歡迎的態勢）。

這是關於韓國電影及連續劇「內容」中，能夠抓住韓流愛好者心理的「純愛」究竟是個什麼樣的東西的問題。

首先第一個特徵是，設定了巨大的禁忌並且試圖違背這項禁忌，卻又在緊要關頭沒能跨越那一步，以這種糾葛為主題的作品占了壓倒性的多數。譬如雙方有血緣關係的愛（這是亂倫，屬於絕對沒有結果的那一種）、老師與學生之間的愛、仇家之間的愛、道德上不允許的三角關係或四角關係，描寫這些內容的作品多如牛毛。卻幾乎沒有像是陸奧A子的少女漫畫那樣淡淡清純、小鹿亂撞的愛慕之情的「純愛」作品（只有伊錫湖導演的連續劇，以及李翰導演的電影《向左愛向右愛》，是比較接近這類型的作品）。韓國戲劇在相當複雜的人際關係之中，男女雙方痛苦掙扎、受到欺瞞傷害，儘管如此還是將一心一意的思念貫徹到最後，這種類型的「純愛」卻是絕對性的多數。

在這層意義上，可以說，與韓國純愛連續劇最為相似的就是日本東映的俠義電影。設定了巨大的禁忌（處世之道），以此為核心描繪流氓的搏命抗爭，深陷其中的主角追逐著一心貫徹義理的身影。這就是東映俠義電影的「型」，與前面提到的韓國純愛連續劇的相似性十分明顯，一目了然。

義理與人情

只不過，要說這兩者是不是已經越過了「相似」的界線，而變成了「相同」的東西呢？答案當然是否定的。因此他們之間到底是哪裡不一樣呢？

首先，「義理」與「人情」這兩個重要的觀念，在東映俠義電影的場合中是極具日本特色的，此處的「義理」是一宿一飯之恩的義理，是指自己過去曾受老大照顧的心理負擔。背負此一重擔的俠客對老大必須絕對性地服從。縱使老大是壞人，為了自己的私欲而命令俠客做些傷天害理的事情，但俠客為了「義理」之故，也必須執行這些命令。也就是說，對老大與命令的善惡一切都不過問，在這層意義上是極端的虛無主義。對於俠客而言，「義理」就是善惡的彼岸。

不過，與「義理」並存的「人情」觀念也是俠客的生存原則。「人情」與表現極端虛無主義的「義理」截然不同，那是在人與人之間自然產生的同情心。俠客就是在義理與人情的夾縫中掙扎痛苦的。

但是，韓國連續劇就看不到描寫這種觀念的架構。雖然韓語裡頭也有「義理」這個詞彙，但一般情況下並不是用來指稱「一宿一飯之恩」。根據儒教的詮釋，這是指「人類應該實踐的良善之道」。也就是說，韓國的「義理」完全是善惡價值的概念。同時，與此相對的是「情」（정），是表達人與人之間溫柔體貼的感情。換句話說，在韓國連續劇中，是由「善惡的義理」與「富有人情味的感情」來相互對立，劇中登場人物就是在這當中打滾掙扎。而且這與日本的「義理」是「場面話」、「人情」是「真心話」的情況不一樣，在韓國的情況中，「義理」與「情」都是「千真萬確」的。所以日本的情況是在「被隱藏的真心話」、「超越善惡價值的場面話」，兩者與自己合而為一的過程中，讓觀眾感受到戲劇的張力。相較於此，韓國的情況則是在雙方都是真實情感的「義理」、「情」合而為一後，迎接終極圓滿大結局的架構。

心理的雙重性與純粹性

由於東映俠義電影與韓國連續劇在文化形態上的差異，兩者在「什麼才是純粹的？」這點也有所不同。

東映俠義電影劇情進行到中段時，會將義理與人情徹底切開，愈行愈遠，到最後面臨不可收拾的局面。《昭和殘俠傳》系列就是典型代表，主角花田秀次郎（高倉健飾演）對於義理（場面話）與人情（真心話）都很重視，但因處世之道而讓自身踏上義理之路，當他來到劇情的最後關頭時，秀次郎捨棄了對邪惡老大的義理，轉而選擇與人情（對被欺凌者的同情、洗刷另一位善良老大的冤屈，或是與池部良扮演的風間重吉之間的『情』意相通）一體化（漫天冰雪下的激情），並且化身成賞善罰惡的烈焰使者，對邪惡老大怒吼：「吼哩係！」然後噴出大量鮮血的圓滿結局。這當中的「純粹性」，在於描繪「義理＝場面話」以及「人情＝真心話」完全切割開來的情形。也就是說，對邪惡老大交代場面話的義理，與受到欺凌的人們、善良老大、拜把兄弟風間重吉的人情，當兩者之間無論如何都無法達成協調，不如就將其乖離的情形渲染到極致的時候，俠義電影的戲迷就會強烈地感受到精神的「純粹性」。

相較於此，韓國人的文化心理結構，很難感受到「真心話與場面話的切割」有什麼美的純粹性。原本「真心話與場面話的切割」這件事本身，就會讓他們感到難以言喻的「不純性」。所以韓國人經常拿日語中存在著「真心話」與「場面話」這兩個單字這一點，來主張日本人的不純性：「由於日本人的內心具有雙重性，所以是絕對不能信賴的人類！」在他們這種陳腔濫調中一定會扯到的就是「真心話」與「場面話」這兩個單字。

替韓國人這種心理狀態背書的，是朱子學中的心性論。即使朱子學也認為「心」具有雙重性——那是指「性＝理」的部分以及「情＝氣」的部分——但在朱子學「心統性情」（性與情都要被心駕馭）的教條下，使性與情達成一體化才是理想的狀態。換句話說，「情＝氣」終歸得與「性＝理＝道德性」這種善性合而為一。在這層意義上，韓國人乾脆就以道德性為優先，極端厭惡去描寫內心善惡糾葛的複雜微妙之處。「一片丹心」才是金科玉律，才是「純粹性」。

從「特殊」到「普遍」

大家都知道，不管在日本還是韓國，「純粹性」的「型」是多樣的，而且不是所有東西都能套用這種「型」。但最起碼這兩個國家的人，各自都有能夠置入強烈感情的故事來作為「型」的典型，也確實存在著前面提到過的內容。

因此我們所要關心的事情是，為什麼現在的日本人會對韓國連續劇的「型」感受到無窮無盡的魅力？

對此，我想提出的是「東亞情勢」這個關鍵字。更簡單地來說，就是「日本的韓國化」、「日本的東亞化」。

日本打從明治以來，在亞洲就是孤立的，而不得不經常以「特殊性」來定義自己。或是像二次大戰前的國體論，不得不對外宣稱「日本的特殊性才是亞洲的新普遍性」（編按：意即亞洲各國都要以日本為典範來自我改造）。在這情勢下，當韓國及中國在一九九〇年代冒出頭的時候，他們引人注目的不僅僅是經濟力而已，連文化力也不可小覷，此時日本人在東亞就不再是一種「唯一的」、「特殊的」精神，而是再次發現，或者是說終於發現了「普遍」的儒教精神魅力。香港電影、中國電影之後是韓國電影及連續劇，甚至台灣的電影及連續劇都在日本搏得好評，這是日本為了將自己重新定位成「東亞的一員」，而在政治及經濟方針上一致的變向。

第二章

韓國人的身體

對身體的極度關切

韓國人對人的樣貌表現出極度的關切。

而且對於評論他人的樣貌這件事，是相當積極且毫不客氣的。

譬如說，儘管是初次見面，但是把對於對方外貌的看法確實且直率地表達出來的情況相當常見。很多日本人花費了相當長一段時間才能適應這一點。簡單地來說，這給日本人一種非常失禮的印象。

一般來說，絕大多數日本人對於談話的對象或是在場的人士，並不會直接了當地評論長相，不管評論的內容是讚美還是批評。但有很多韓國人對於這件事卻毫不猶豫，大叔、大嬸尤其如此，不過年輕人也是相當地不留情面。

這絕對沒有惡意，只不過韓國人是自己為主體，所以可以直率地評論他人而已。這與幾乎不以自己為主體，特別在意對方心情，並且依照彼此的緊張關係來建構世界的日本型溝通方式有所不同。

第一節　作為整體性的身體

好身材（몸짱）

「몸짱」這個詞在「韓流」粉絲之間相當流行。

韓語中，「몸」（mom）是「身體」，「짱」（jjang）用俗話來說就是「很棒」的意思，所以「몸짱」就是在說「身材真棒」。

過去，身材好壞這類話題，幾乎只會跟女性有關。至於男性這方面，雖然會對身高和臉型的美醜表達出強烈的關心，但是腹肌、腿長之類的身體性質，卻幾乎不會成為關注焦點。

這種情況有所改變，差不多是在進入九〇年代，描寫光州事件[1]而大受歡迎的連續劇《沙漏》（一九九五）中，男演員李政宰飾演保鏢角色而一舉成名之後才開始的。從那時候起，女性的目光開始聚焦在男性的肉體美上面。這是一個男性中心社會終於想要開始蛻變的時刻，女性逐漸被認可可以成為性欲主體。在此之前的韓國連續劇男主角，幾乎都是用社會地位、學歷、上進意向之類的利器來武裝自己的人。有沒有六塊腹肌之類的，完全沒有被納入評價標準之內。

「難看的男性身體」的概念存在於女權主義之中。現代男性的目光，是在建構女性美麗勻稱的肉體美；同樣地，實際上女性的目光也想要排除「難看的男性身體」。

九〇年代之前的韓國戲劇，縱使是「難看的身體曲線」也能夠勝任男主角。只要具有西方輪廓般清晰的面龐，或是高雅的髮型，還有滿滿的人情味以及強烈的上進心就足夠了。但是差不多從九〇年代末期開始，就變成沒有「好身材」便當不了男演員的情況。

不過，雖然說提高了對男性美的關切程度，但當然並沒有因此就降低了對女性美的關心。女演員黃新惠曾說：「在韓國，對於女性美容的興趣非常地強烈，已經到了可說是生活全部的程度。」（It's KOREAL，Oakla出版社，二〇〇五年六月號）。「生活的全部」這句話雖看似誇大，但無論如何，不管是男性還是女性，對身材好壞的關心程度，都比以往來得更高，這件事是千真萬確的。

對不全性的恐懼

韓國人對身體的完全性表現出高度的關切。

對於「完備」、「整齊」的固執已經到了異常的程度了。

然而在其背後卻有著對身體缺陷的強烈恐懼及鄙視。韓語中的「辱」（욕，yok）是發展到非常成熟的髒話，而這個「辱」確實經常用來指稱對方是身體殘缺者。這就是所謂的歧視用

1 譯註：又名光州民主化運動，發生於一九八〇年五月十八日至二十七日。光州及全羅南道民眾發起要求民主化的運動，但遭到當時總統全斗煥武力鎮壓，造成數千名平民及學生死傷。

語，但不管是小孩還是女性，都能毫不在乎地說出這句歧視用語。日常生活是這樣，電影或連續劇中也是這樣，就連深閨中的大小姐、體弱多病的文學少女、小學的班長都會講出「귀머거리」（gwi-meo-geo-ri，聾子）、「문둥이」（mun-dung-i，痲瘋病人）、「지랄」（Ji-ral，癲癇的蔑稱）等詞彙，讓人十分驚訝。

而且，「小東西」也是「缺陷」的一種，這在韓國文化中是相當重要的，他們不管怎樣就是討厭這些「小東西」。

李御寧在《日本人的縮小意識》（沈文訓譯，漫遊者文化出版社，二〇〇八）中，很出色地描繪出日本人喜好小東西的興趣。《枕草子》、扇子、一寸法師……都是韓國人揶揄日本文化的理由，甚至有「日本文化是嬌小文化」的說法。另外像是日本房子都很小（相較之下，韓國的房子真的是很大）；日本料理都少少的、太過精緻（相較之下，韓國料理真的是豪邁又豐富）；日本人的性格、人際關係、體型、金錢觀、世界觀都很狹隘且小家子氣（相較之下，韓國人真的是豁達豪氣、落落大方）……這些理由，都是韓國人在看日本人、日本文化時會聚焦、放大的刻板印象。

但是，在韓國文化之中，不管是看到寺廟、房子、日常用品或者家具，實際上嬌小可愛的東西也非常地多。這不單純只是指物理上的大小，當然也包含了在微小之處別出心裁的思考。

因此，「日本文化是嬌小的，而韓國文化是巨大的」這句話是錯誤的。只不過應該這麼說：日本人比韓國人更強調蘊含在事物「渺小處」裡頭的正面思想性。然後最近在韓國也注意到了「渺小處的偉大」，朝著發展半導體技術以及奈米科技之路邁進。

為什麼整形手術是可行的？

接著來談談整形手術。

韓國人輕鬆自在地進行整形手術，這件事在日本流傳了開來。的確以事實看來是如此。盧武鉉總統在做完雙眼皮手術後，還滿意地說：「看得更清楚了。」

「韓國明明是個儒教國家，為什麼絲毫不排斥整形手術呢？說到儒教，不是不能讓父母親賜予的身體有絲毫損傷嗎？」很多日本人都有這類疑惑。

的確，在儒教中，就像《孝經》（開宗明義章第一）所說的那樣：「身體髮膚，受之父母，不可毀傷，孝之始也。」是不應該毀損從雙親那裡得到的寶貴身體。雖然如此，但我們卻看到現代韓國人對於在自己臉上動刀進行手術這件事，反而比日本人還來得不抗拒。這不管怎麼想都覺得很奇怪。

關於這個問題，讓我們從以下這個角度來思考。

首先最重要的是「階級性」的問題。換言之，雖然說「韓國是儒教社會」，但認為《孝經》思想已經滲透進社會所有階層，就大錯特錯了。朝鮮王朝的兩班階級裡，的確存在著因為「不得毀傷雙親恩賜的身體」，所以就連指甲都不可修剪的嚴格基本教義派。但是庶民階級可沒辦法這樣慢條斯理地生活下去。庶民階級普遍認為，比起實踐孝道，「餵飽肚子」更加重要。也有為了自身利益而幹出違背儒家倫理行為的人，現代的整形手術也是這種觀念的延續。也就是說，如果讓自己或女兒變得漂亮，因此能夠得到「更高的地位」，或是「幸福的婚姻生活」的話，那麼「確保利益」就會優先於「孝的實踐」。就是這樣的想法。

實際上這可不是單純的功利主義，會這樣說是因為，作為孝道聖經的《孝經》已經明確地表示出這種想法的根據，先前引用的那段原文接下來是這樣說的：「立身行道，揚名於後世，以顯父母，孝之終也。」換句話說，小孩子進行整形手術後，成為明星或是成功找到工作，因而飛黃騰達、聞名於世，這本身就是種孝順。既然《孝經》都這麼說了，那麼這樣解釋也是行得通的。

第二節　作為「身體」的朝鮮半島

朝鮮半島分裂的「悲痛」

有個歷史舞台徹底地粉碎了這份「身體的完全性」，因此造成韓國人重大的精神創傷，這就是「國土＝身體」的觀念。

韓國人認為朝鮮半島是「一整個身體」，然後對於這「一整個身體」被切割開、有所瑕疵的狀況，認為是民族的「悲痛」。

雖然最近的韓國人並不太常提到，但是直到九〇年代初期以前，韓國人還經常會把「為什麼不是日本而是韓國半島（朝鮮半島）要被分割呢？太沒有道理了」這句話掛在嘴上。他們的理由是，他們非常理解德國在第二次世界大戰後被分割成兩半，是因為德國就是掀起第二次世界大戰的元兇；相同地，那在遠東就應該是日本遭到分割。但為什麼是朝鮮半島呢？這實在是太沒道理了……

事實上，在第二次世界大戰結束之前，冷戰就已經開始了，戰後德國及朝鮮半島的分割，都是在冷戰過程中所發生的事情，這和第二次世界大戰是誰先開始的毫無關係，但是在心情上非常能夠理解韓國人上述的想法。日本戰後過著和平的日子，兩相對照下，朝鮮半島卻被分割成敵對的南北兩部分，同一個民族還得被迫經歷相互廝殺的戰爭。因為這場戰爭，日本戲劇化地經濟復甦，踏上了大國化的道路。面對這種懸殊的命運，韓國人懷抱著十分複雜的想法。

想要多少了解他們的想法，我認為重要的還是要想像一下，戰後的日本如果也這樣被分割成南北兩半，會是什麼樣的情況？

如果日本被分割的話

如果不是朝鮮半島而是日本被分割的話。

那麼美國與蘇聯在誰能將東京納入掌中的這件事上，一定會展開激烈的角逐競賽。如果是美國掌控了東京的話，北日本與南日本的分界線或許會是北緯三十七度，也就是福島縣磐城市附近與能登半島中央之間連起來的一條線。接著就會成立共產主義的北日本國家（日本民主主義人民共和國），以及資本主義的南日本國家（大日本民國）吧。北日本的首都會是札幌或仙台，而南日本則是東京吧。如果反過來是蘇聯控制了東京的情況，北日本與南日本的分界線或許會是中央構造線[2]的西緣，也就是糸魚川與靜岡連成的一條線附近[3]。在這情況下，北日本的首都會是東京，而南日本的首都則會是京都或大阪吧。

在這之後或許就會發生日本民族骨肉相殘、數百萬人互相廝殺的戰爭悲劇。

兩邊的年輕人會被徵召入伍，要服大約三年時間的兵役。共產主義的北日本經濟窘迫，東北地方餓死的人數是以百萬以上的單位來計算。在三十七度線或中央構造線的停戰線上，兩邊的士兵會用槍指著彼此，相持不下。軍事費用占國家預算的比例會非常地龐大，並不是國民能夠專心於經濟發展的狀況。北日本或許還會開發核子武器。

韓國人的心情

……一想到這樣子的情況，大概就能稍微了解韓國人的心情。韓國人會羨慕日本人能在安全地區專注於經濟單一項目的心情，也就能夠稍微體會了。

現在蘇聯已經瓦解，而中國與韓國也維持友好關係，所以停戰線上已經不再籠罩著像過去那樣的沉重壓力。但是在過去冷戰最為嚴重的時候，由於蘇聯、中國、北韓全都被攔堵在停戰線的另一邊，這股累積起來的壓力實在令人難以想像。在蘇聯瓦解以及中韓建立邦交之前，大多數的韓國人都會說：「我們正在從共產主義手中保護日本」、「日本能過著安逸的日子，都是因為我們的犧牲，日本人應該感謝我們才是」。

這被稱作是「反共的防波堤」。

無論如何，日本人應該做的是，多少要去理解韓國人對於朝鮮半島被劃分成兩半的痛苦。在日本，近年來盛行「另一個日本」的論調，但是在朝鮮半島不管怎樣，比起任何事物，回歸成「一個朝鮮」才是最為重要的課題。而且為了這個目的，朝鮮半島的人們反而也應該要注意到，必須要趕緊建構出「多樣的朝鮮」之形象。

---

2 譯註：「中央構造線」是日本最大的斷層線，由關東延伸至九州，縱斷西南日本。北側被稱之為西南日本內帶；南側為西南日本外帶。

3 譯註：即「系魚川－靜岡構造線」，由親不知（日本地名，位於系魚川市）經諏訪湖至安倍川（靜岡市）的大斷層線。

第三章

韓國人的愛

熱愛群體的韓國演員

韓國連續劇的魅力之一，就是鮮明地描繪出人類的一舉一動。無論男女老少，都明確地用言語表現出自己深信不疑的「正確無誤」，並且據此做出行動。當然這當中會出現摩擦，而如何去克服摩擦或衝突，就成了重要的劇情。

「韓國的演員真優秀」，會這樣想的日本粉絲大多數都會說：「日本的演員好差勁。」雖然，相較於日本的男演員，韓國男演員被認為身材都比較高大，而且肌肉發達又帥氣，這種靠著感官而做出評價的人很多。但更多的人會說「韓國演員比日本演員更有禮貌，遣詞用字也很確實，讓人對他們很有好感」。而日本演員言談低俗，態度上也把觀眾當成傻瓜，完全沒辦法對他們產生感情。

這是理所當然的。打從一九七〇年代尾聲就進入後現代社會的日本，已經過於輕忽前現代（premodern）與現代（modern）的價值。談起對群體的關懷，嗤之以鼻則是常態。這種時代出生的日本年輕演員，在公共場合也會毫不在乎地做出關於個人欲望的發言，看到這類行為的孩童也會跟著模仿。他們完全沒有想到「要先有群體存在，自己才得以存在」，而只會對半徑一公尺內的事物表示關心，還深信把愛國愛家擺在嘴上的人會被當成奇人異士。用字遣詞低俗不雅，認為用戲謔的態度看待世界才叫帥氣，會在非常私人領域的愛好上一較高下……從他們身上能看得到這類行事作風。

相較之下，韓國演員表現出熱愛家族、國家、民族等等的群體性，在公共場合中理所當然地使用正式語言，似乎充滿知性、主體性的言行舉止，行動原則是不使自己所屬的群體蒙羞（看起來像是這樣）。

因此他們看起來充滿魅力也是理所當然的，絕對不光只是因為肌肉發達之類的理由而受到大家的歡迎。

不過，韓國演員會做出這種「優等生」般的行為舉止是有緣故的。由於演員這行在社會上的地位很低，所以發自社會大眾要求道德行為的壓力遠遠超過日本。換句話說，如果言談舉止沒有做到這樣的話，那麼他們就會籠罩在可能被社會力量終結演藝生涯的陰影之下。所以，在這層涵義上，他們確實是被訓練得很好，絕對不是韓國演員全部都有著一顆真誠熱愛群體的心。

第一節　愛

「愛」與「戀」

「愛」在韓語中念做「사랑」（sa-rang），這個單字非常頻繁地被使用。相較於對日本人而言的「愛」，韓國人的「사랑」更加地貼近週遭生活。已經結褵數十載的夫妻之間者可以用，父親或母親對自己的小孩也可以用，不管是在媒體上還是學校教室裡頭，真的是很常在講這個

字。

而且「사랑」中，不只是「愛」，還具有「戀」的意義，這是很重要的一點。在日語中，「愛」與「戀」很明顯是完全不同的概念，不可能會將兩者混淆。日本文學、戲劇或電影等藝術作品，也是在將「愛」與「戀」區分開來的前提下創作的。

不過這兩個字在韓語卻沒有區別。情侶之間的感情，還是對家族或國家的愛，大家同樣都是「사랑」。對公眾群體的愛、極為隱私的男女愛慕之情也都是「사랑」。

這與認為大眾愛及私人戀情的分離才是激情、浪漫主義泉源的日本文化，在性質上很清楚地有所不同。不過不能就此認為韓國的作品不存在著激情及浪漫主義，而是做法跟日本不一樣。

「愛」的兩種解釋

為什麼日本人會突然間被韓國的連續劇及電影吸引住呢？關於這個理由，有著非常有趣的「日韓對立」要素。

一提到漢陽大學名譽教授金容雲，大家都知道他是一位著名的數學家，更是日韓比較文化論的學者，也是我平日尊敬的韓國知識分子之一。他的「韓流理由」和我想到的「韓流理由」恰好完全相反，這不僅讓我大吃一驚，還覺得非常有趣。

在二〇〇五年五月的某個場合上，金容雲教授和我同時發表了「韓流的理由」，雙方的關鍵字都是「愛」。但對這個「愛」的解釋卻是截然不同的。

金容雲教授是這樣解釋的。

日本人女性會被韓國連續劇吸引，是因為日本人的日常生活中沒有「愛」。原本在日語當中，就不存在著「愛」這種概念的和語，相反地卻有著「公」（おほやけ）的概念。從這個事實可以得知，相較於個人的情愛，日本人長久以來都是生活在以公眾的感情、思考為優先的文化之中。看看日本的武士文化以及神風特攻隊，像那種徹底抹殺掉「私」，只為「公」而生的模樣，韓國人根本就做不到。韓國人是為個人之「情」而生的民族。證據就是，韓語中並不存在「公」這種概念的固有詞彙（韓語的語彙體系也與日語相同，是由外來漢語以及固有詞彙所構成的），不過平時就經常使用「사랑」（愛）這個固有詞彙。這點與日本有著明顯的差異。在韓國的連續劇中也頻繁地出現「사랑해」（sa-rang-hae，我愛你）這句話，由於日本的妻子平常不會從先生那裡聽到這類話語，所以才會覺得韓國連續劇很新鮮，進而沉迷。

這樣的看法大致上就是金容雲教授的論點。

雖然帶有文化決定論的傾向，卻是非常具有說服力的內容。日本男性將重心放在公共領域（公司之類），還拚命地加班工作，但是對於私人領域（家庭之類）的情愛卻是吝嗇的。對於這種日常生活感到厭煩不滿足的日本妻子，便會從不停訴說著「愛」的韓流明星身上感受到無限魅力，這種論點正確地理解了日本社會的實際樣貌。

但是我認為的「韓流理由」卻與這個論點完全相反。

在「愛」是關鍵字這點上，我和他的看法是一致的。的確，日語中並沒有「愛」這個概念的固有詞彙（和語），「愛」這個字也是個徹底的漢語，因為它在日常生活中就是個難以使用的詞彙，所以人們也不會一天到晚地經常去用，這一點與韓語的「사랑」不同。「사랑」不管是在兄弟之間、相愛的男女之間，還是對於群體及國家，都是平時就經常在使用的詞彙。不過，像這樣子對於私人的戀情，還是公共的鄉土愛與愛國心，他們都同樣地使用「사랑」這個字，這是怎樣的一種情況呢？在日語裡頭，「愛」的確沒有被日常化，但作為與此不同的另一個概念，「戀」（こい）這個和語卻早在《萬葉集》[1]裡就已經存在了。「愛」是與「仁」這個公共概念直接相關的生硬漢語，「戀」則是極為私人的概念。當然，有像《葉隱》[2]那樣的用法，將「戀」用在對領主效忠的意義上，但這並不是普遍的情況。在日本人的文學感性裡頭，就像是在淨琉璃[3]之類藝術類型中所看到的，公眾的「愛」（儒教的忠、孝、仁等）以及個人的「戀」（喜歡、愛慕這類的愛情）之間的分裂達到極致時，就會從中感受到對美的極度亢奮，而當最後「戀」戰勝了「愛」，並面臨到兩者的糾葛終告斷裂的時候，才能感受到心靈的

1 譯註：日本現存最古老的和歌總集。收錄了四世紀至八世紀間，共四千五百多首的長、短歌，總計二十卷。
2 譯註：為武士道的重要經典，於江戶時代中期（一七一六年）出版，由佐賀藩藩士山本常朝口述，田代陣基筆錄而成，共十一卷。
3 譯註：使用三味線伴奏的日本傳統說唱表演藝術，包含義太夫節、常磐津節、清元節等，現共有八種流派。

淨化。

就像這樣，日本存在著與「愛」不同次元的「戀」的概念。與此不同，在韓國則是不管私人事務，還是公眾事務全都是「사랑」。在「사랑」中蘊含了儒教的思想性，認為應該以「個人」為中心，然後依兄弟、親族、愛人、鄉土、社會、國家、民族這樣向外畫成同心圓。雖然連續劇就是在這個「사랑的同心圓」發生裂痕時而誕生的，但在本質上還是應該徹底地描繪出完美的同心圓。所以韓國明星在戲中對情人頻繁地訴說「사랑해」（我愛你）的同時，也在不停地對戲迷傾訴著「사랑해요」（sa-rang-hae-yo），並且屢屢透露出「我是愛著（사랑합니다，sa-rang-ham-ni-da）國家」[4]的訊息。而且這種「私」與「公」領域連結起來的情況，更讓日本女性感受到了無窮的魅力。證據就是，韓流的女性粉絲都會異口同聲地說：「韓國演員充滿理性、頂天立地肩負一切的感覺，讓人覺得他們好帥氣！」但日本的演員就完全不會給人這種感覺，既不理性又彎腰駝背地沒有擔當，只能在私領域中生存，與「公」領域毫無關聯。這就是後現代典型的日本演員。相較之下，韓國的演員對於「公」和「私」都很重視，還試著與兩者都建立關聯，所以感覺上穩重成熟又非常帥氣。

我的結論就是上述的內容。雖然日本也曾有過將「私」與「公」連結起來的現代演員，但在七〇年代尾聲進入後現代之後，「公」就消失得無影無蹤了。對這種世界觀的連續劇感到無法滿足的日本觀眾，面對秉持著「私與公描繪成同心圓」此一綱領而登場的韓國演員及作品，十分簡單地就被吸引住了。

雖然這與金容雲教授的解釋完全相反，但是，在以與「公」概念的關聯性來思考韓流的「愛」這一點上是相同的。金容雲教授認為「日本人更需要個人的愛」，而我則是認為「不僅是個人的戀，大眾愛也是必要的」。

「愛的同心圓」結構

關於「愛的同心圓」結構，這裡再做少許說明。

韓國人的愛的觀念，基本上可以說是儒教的思維。

在中國的戰國時代，最具影響力的思想集團之一是墨家，他們主張兼愛（博愛）；相對於兼愛（博愛），儒家則是主張差等之愛。換句話說，儒家的愛不是平等的，而是有上下次序之分的想法。也就是認為親子之間最為深厚的感情是所有愛的根本，並且只有透過將這根本的愛推展至周遭的人，才得以形成愛的人倫社會。

韓國的儒教由於原本就有「孝」這個中心德目，所以上述差等之愛的結構根深柢固。這是以「我」為中心，並且把「親—我—子」這種「孝」的基本概念當成圓的中心，然後加上對外圍血緣共同體、地緣共同體、中間組織、國家、民族等的愛，構成同心圓的形狀，這就是「愛的同心圓」結構。

4 譯註：사랑해、사랑해요、사랑합니다，都是「愛」的意思，但在尊敬程度上有所不同，依序是由小到大。

「愛必須以孝為中心來畫成同心圓」的義務概念，在韓國社會中極為強烈。不過，實際上的愛不一定能描繪出完美的同心圓。對雙親的愛（사랑）與對情人的戀（사랑）發生矛盾、彼此衝突的情形很常見。對國家的愛與對民族的愛之間也是會有摩擦的（國家是大韓民國，民族是朝鮮民族。這樣一來，會因為對北韓採取怎樣的態度，而經常出現對國家的愛與對民族的愛無法形成同心圓的情形）。

於是連續劇才應運而生。同心圓必須描繪出來，但在現實中卻辦不到。這個時候，劇中登場的角色就會煩惱、哭泣、憤怒、寬恕、做夢、吶喊、痛苦……這就是連續劇的出發點。正因為如此，韓國連續劇是具有力量的，用能看到連續劇本質的臨場感來接近觀眾。

兩相比較之下，在後現代類型的日本連續劇中，想要創造出主角的悲劇性是非常困難的。原本相愛的男女雙方，他們非常私人的戀情就已經與群體這個公共概念分離、毫無瓜葛，不如說是公共概念本身就不存在。

在日本過去的藝術作品中，縱使私人的愛慕情懷與對群體的愛是區分開來的，但雙方都是不可動搖的存在，因摩擦而從中萌生的能量，便會結晶成為戲劇性的激情。但在後現代的日本，共同體的公共性質變得非常淡薄，結果就是個人戀情在不受任何約束的狀況下肆意妄為，宛如繃緊的橡皮筋那樣，最後淪落到鬆弛無力的下場。這當中完全沒有戲劇的要素，而只是一層層地堆砌著無意義且毫無用處的對話殘骸。對群體的責任感、公共的道德意識、肩負歷史重擔的意志……在絲毫不具備這些要素的登場角色身上，只看得到他們不停重複著末梢神經性的對話及行為，你說要怎樣才能將感情融入其中呢？

已經厭煩了這類連續劇的日本觀眾，轉而投向韓國連續劇的懷抱。

為了讓日本的連續劇再次恢復原本的力量，日本社會本身必須正面面對「公」、「共同體」、「歷史」，讓這些事物在人們的生命中重新活躍起來。而正因為如此，「戀」才能又一次地強化它的力量。

第二節 家族的愛

家族的愛與羈絆

那麼接下來我們就來討論一下韓國的「家族」愛。

我在過去曾服務過的大學裡頭，每年夏天要安排學生到合作的韓國大學進行一個月左右的語文留學，還能體驗幾天寄宿家庭生活，讓日本學生最為驚訝的，卻是韓國家族紐帶的強度。宛如按照「理想家庭」範本原封不動地呈現出來，父親有一家之主的威嚴，母親是賢妻良母，而小孩則乖巧懂事。「사랑」（愛）這個單字在家族之間也經常使用。占據著客廳中最顯眼位置的是一張大尺寸的壯觀全家福照片，而且一定會被他們要求說：「請讓我看看你的家族照片。」一旦回答韓國人說「這類照片不會隨時攜帶在身上」，一種好像看到了不可思議物體般

的眼神就會投射過來。

學生回到日本後一定會提到的事情就是「我們一定得效法韓國人的家族紐帶」這句話。不過，在日本，所謂的「理想家族」早就已經從小說、戲劇、廣告，甚至是第一線教育上消失得無影無蹤，對於在這種環境下成長的學生而言，毫不害臊地說出「我愛家人」的韓國學生，一開始會認為他們是種不同的存在，但最後卻會覺得羨慕，認為他們充滿魅力。

日本從七〇年代末葉起的後現代氛圍裡，很清楚地否定或者是無視前現代的儒教傳統，而且認為現代思想裡存在著家父長制的男性中心主義，因而對其攻擊和解構。留給經歷過這種時代的日本的是「家族神話」的瓦解。

「韓國」的出現是出乎意料的，雖說文化有所不同，但在韓國連續劇中看到的家族樣貌，卻已足以讓日本人想起他們遺忘的東西。在韓國連續劇裡，兒子並非有戀母情結，但卻是滿懷著愛情來與母親相處。孩子用敬語及丁寧語[5]來跟父母親說話、重視家庭聚會、對家人無所不言……這些行為在日本觀眾的眼中是非常具有魅力的。簡單來說這就是「儒教的家族模樣」。實際上，與韓流粉絲見面交談後，十分讓人驚訝的是，將韓國影集中描繪的家族關係理想化之後拿來跟日本現狀做比較的人非常多。

但是即便如此，也沒辦法要求日本的男學生回到家後握著母親的手，說：「媽媽，一直都很謝謝你，我愛你。」而母親這邊也不會認真地接受兒子的「愛」，只會說：「哎呀，這孩子是怎麼了呢？」之後就應付過去了吧。雖說是「深愛家人」，但在日韓果然還是有文化上的差異。

就像前面提到的，韓語的「사랑」（愛）是在男女戀愛情感上使用的語彙，同時也是對傳統共同體成員間的感情所使用的日常語彙，比起日語的「愛」帶有更廣泛的意義。共同體的「愛」也比起日語領域來得更加濃厚且貼近生活。

家族紐帶就像這樣，在日韓兩國是有所不同的。

「家族」的變化

但我們必須了解的是，韓國的家族也因為時代變遷而暴露出了許多問題。

韓國在現代化的過程中，男性中心的家父長制基本上並沒有受到根本性的批判。現代化、工業化、軍事國家化、民族國家化等等過程，都是同時且擁有國家權力的背書之下推動的，不僅如此，其理念的背後還看得到他們將「將被日本所破壞的傳統秩序恢復起來」的歷史觀當成了使命。

但是在八〇年代到九〇年代，韓國一下子就經歷了民主化、社會大眾消費化、社會資訊化，國民的價值觀在這過程中也急速地多樣化。

戀愛變得自由了起來，而就在這個時候陷入困境的卻是男性。在此之前，男性只要取得學

5 譯註：「丁寧語」是表現禮貌的敬語，代表尊重聽話對象。

歷以及高收入，自然會有結婚對象找上門來。不過這幾年來在評估條件上，還多出了「外在魅力」及「溫柔」的考量。懂得女士優先的男性也增多了起來，堅守「男不入廚」這項金科玉律的韓國男性，最近也開始下廚了。開始學會這種「溫柔」的韓國男性，讓日本女性覺得很有魅力。

韓國的大眾文化也大量地吸收這股時代潮流。和往昔的連續劇及電影不同，女性角色光明正大地發表自己的意見，稀鬆平常地甩男性耳光。不過男演員還是比日本的更有男子氣概，這並不是因為他們自視甚高，而是由於強調「溫柔」的緣故。

此外，也創作出很多挖掘「理想家族」假象的作品。譬如說拍攝恐怖電影《四人餐桌》（二〇〇三年上映）的女性導演李素雲曾說過，她想要否定八點檔連續劇或廣告裡「愛的家族」的神話（《NHK電視台　您好韓語講座》，日本放送出版協會，二〇〇四年六月號）。

「理想家族」的形象就像這樣地迅速崩壞，而這就是現在韓國的真實情況。以實際狀況來看，離婚率也非常地高，可以說韓國的家庭正在崩解。不如說，「愛的家族」形象是與現代化一起虛構出來的產物，正確的看法是：它其實是一種「被發明的傳統」。在這股急流之中，試圖維護「被發明的傳統」此一價值的勢力，也不服輸地努力奮鬥。從這樣的交相對立之中，誕生出了許多充滿吸引力的作品。

第三節 年輕人的戀愛

女性的變化

在韓國的九〇年代，有一群被稱作「三八六世代」的人（出生於六〇年代，八〇年代上大學，九〇年代時約三十幾歲），站在社會最前線領導流行趨勢。這些人雖然在政治上反對美國，但對美式的自由、民主主義及財富卻抱持著強烈的憧憬。當然，他們提出了與先前不同的自由戀愛觀。

與此同時，女性的地位急速升高。會這樣說是由於這個世代的女性朝著高學歷化邁進，進入職場工作的人數也變多了。與其跟一無是處的男性結婚，選擇實現自我的女性增加了。第一次結婚的年齡以銳曲線成長，現在韓國的出生率不到百分之一點二，這數字比日本還要來的低，少子高齡化的速度可以說是世界第一。

對上班族男女來說，邂逅陌生人的機會太少這一點，在日韓是共通的。韓國的情況是聯誼活動非常盛行，街上也有很多愛情賓館，在性方面是相當地自由。但與日本不同的是，由於儒教傳統深厚，所以關於性方面一定要隱瞞「實際情形」。女性理所當然地被要求保持「純潔」，可以說認為性行為是與結婚直接相關的女性，也比日本來得多上許多。

評斷女性的條件，壓倒性地就是容貌。她們被要求身材高挑苗條、容姿端麗、性格柔婉賢慧，而且能經濟獨立。

但是現實中不太可能會有這種人存在，尤其是韓國女性中性情好強者眾，「性情溫柔」的日本女性從以前就深受韓國男性歡迎。若是與日本女性結婚，從公司回到家後，就會看到老婆跪坐在玄關，低著頭，三指抵地迎接丈夫返駕回宮，還非常有禮貌地說：「老公，您回來了。」到現在還有如此深信的韓國男性。

苦悶但樂天的男性

此外，韓國由於儒教的價值觀，較偏好男孩，尤其是年輕一代的人口比率中，以男性偏多，所以男性人滿為患。為此，韓國男性在尋找結婚對象上可是拚了老命，總之就是不計後果地說些「容易被識破的大話」。「沒有砍了十次都不倒的大樹」，這就是他們的信條。

也由於原本就是一群樂天開朗的人，如果是日本男性就絕對幹不來的事情，韓國男人也能毫無顧忌地做出來。在眾人面前獻花給女性，在朋友的聚會中一股腦地稱讚自己的女友，如果是日本女性的話，就會說這種行為「很丟臉呀，別說了」。但意外的是，韓國女性很喜歡這樣子，據說是因為能夠滿足她們的自尊心。不管是男性還是女性，愛情在實際上並不只靠愛就能完整，還要受到自尊心這類其他動力的影響，而讓這變成更為難解的問題。

第四章

韓國人的美

美麗的事物

儘管是接觸過韓國大眾文化及傳統文化的日本人，好像還是會有種不可思議的感覺。總覺得韓國人好像有著與日本人不同的審美觀，雖然覺得有落差，但卻又很難說清楚到底是哪裡怎樣地不一樣。

的確韓國在色彩的運用上是頗為花俏艷麗，但日本也有這類的運用手法。兩者有相似之處，卻又有著明顯的不同，真是讓人覺得不耐煩。到底那一邊才是對的呢？……有這種感覺的人應該很多吧。

而本章會就韓國人的審美觀試著進行初步的探討。

第一節　四種審美觀

美麗（아름답다）

與「美麗」（美しい）這個日文字相應的韓文，大致上來說有兩個。一個是「아름답다」（a-reum-dap-tta），另一個是「곱다」（gop-tta）。弄清楚這兩個字代表的審美觀有何不同，我認為比什麼都來得優先重要。

首先是「아름답다」。

這個字與日語的「美麗」（u-tsu-li-shi）是完全吻合一致的。由於「─답다」就是像「─らしい」（rashii，讓人有某種感覺）意思的接尾詞，所以「아름답다」就是「如아름般」的意思。

那麼「아름」是什麼呢？

關於這點眾說紛紜，最有力的是下面這兩種說法。

第一種說法認為「아름」與帶有「知道」這個意思的動詞「알다」（al-tta）有著深厚的關連，「知」與「美」是緊密互通的。

而另一種說法則是認為「아름」與「아람」（a-ram）有深刻的關聯。「아람」是指栗子、橡實熟透圓滾滾的模樣。栗子成熟到圓鼓鼓地，就在外殼無法承受住這股力道而破裂的瞬間，這種生命力的充實感就是「아람」。

不管是哪種說法，我都從中看到了「對普遍的憧憬」。知識或是充滿生命力的狀態，這種普遍性的認知、普遍性的狀態才是「美麗」。

換句話說，「아름」就是「普遍」，以形狀來說就是圓，一種毫無缺陷的完整形狀，雖然有著大小上的不同，但是形狀上都是完美無瑕的普遍形象。這就是「아름답다」。「蛋」在韓語中叫做「알」（al），或許兩者之間在發音上有所關連。「아름」也與日語「成熟」（uru）的發音相似，也與「秀麗」（u-ru-wa-shi）的發音很接近。從「아름답다」與「秀麗」的相似之處，或許可以讓人聯想到遙遠古代日韓審美觀的共通性。

因此在韓國，稱得上是「아름답다＝如아름般＝美麗」的事物，全部都可以自豪於其莊嚴無瑕的形式美。選美大會中出場的美女們，以及有條不紊的北韓團體體操，會在他們華麗且儀表端正的形式美中感受到「아름답다」，就是這個緣故。

秀麗（곱다）

另一個具有「美麗」意思的單字叫做「곱다」。這個字在辭典的解釋是「較為雅致，會給人溫和討喜感覺的美」（《朝鮮語辭典》，小學館，一九九二）。不光是形狀、性情的溫順，還有事物本質內在的安定性，都會使用「곱다」這個字。「心地善良的人」、「風采依舊的老婆婆」的時候所使用的就是「곱다」。

換句話說，相較於「아름답다」是莊嚴普遍且華麗的美，「곱다」就是不會過於強調自我、具有知足性的概念、嫻靜的內在美。「아름답다」是浮誇地強調自我的美；「곱다」則是細膩、無言的美。

譬如提到花卉，玫瑰就是「아름답다」而水仙則是「곱다」。韓式襖裙[1]的色彩美，當焦點是放在以華麗、躍動的顏色來強調自我的時候，就會說「아름답다」；若是將各種顏色搭配

1 譯註：韓式襖裙意指上衣放在裙子外面的襖裙，原為明朝女性服裝的基本樣式，而朝鮮將其發展成具有自己民族特色的風格。

成舒服優雅的樣式時，就會說是「곱다」。

漂亮（예쁘다）

但是韓國轉型成大眾社會後，「아름답다」或是「곱다」這類單字在就變得不太會在日常會話中使用了。在詢問過韓國人後，他們說由於「아름답다」或「곱다」的細微差別有點過度放大的緣故，所以在一般的會話中會傾向避免使用。不管是「아름답다」還是「곱다」都是會讓人感受到古風的高雅詞彙，所以在大眾化和價值標準化的社會中，很難有使用的機會。可以說有著與日語中的「美麗」相同的命運。

取而代之地變得經常使用的就是「예쁘다」（ye-ppeu-da），相當於日語中的「漂亮」（ki-rei-da）。前述的《朝鮮語辭典》解釋這是指「有著調和、勻稱外表的美」。在語感上，就像「美麗」、「漂亮」和「可愛」加起來再分成三種詞彙的微妙差異。在用「아름답다」或「곱다」的時候，會讓說話者有緊張感，但「예쁘다」卻能輕鬆地使用，所以在現代社會中，比起「아름답다」或「곱다」，「예쁘다」更受到歡迎。

特別是最近的年輕人，傾向於只要是和自己的審美觀合得來的，不管什麼都會立刻反射性地大叫：「예쁘다！」，而不是「아름답다」這種普遍、公共、形式上的「美」。只在自己個人或周遭有著共通興趣的人們之間才會使用，並因而具有價值的審美觀，這就是「예쁘다」。

此外，相當於「可愛」的韓語——「귀엽다」（gwi-yeop-tta）也是年輕族群經常使用的詞

彙。

現在是商品經濟發達，根據企業行銷手段來操控消費者審美觀的時代。在大量事物的洪流之中，年輕人陶冶自身的感性，學會了在剎那間區分是不是「예쁘다」、「귀엽다」的能力。就像是日語中的「好可愛！」是隨著傳統共同體的瓦解以及後現代的來臨，才像雨後春筍般出現一樣，現在的韓國年輕人也正在一步步進入「예쁘다」、「귀엽다」的世界。

但是日本與韓國的不同之處在於，韓國的情況是，不願徹底拋棄扎根於傳統共同體的「아름답다」、「곱다」價值的那股意志，仍在教育、大眾傳播及宗教的領域中努力地堅持到底，就是那些自始至終都在想要描繪出普遍性「美麗」世界的電視連續劇，還有宣揚「美麗心靈」涵養的記錄片節目、學校教育及宗教。這些東西的存在勉強地阻止了「예쁘다」、「귀엽다」的侵略，而這就是韓國的現況。

可愛（귀엽다）

以年輕人為中心，與先前傳統社會完全不同的感性，急速地成長茁壯，這是一九九〇年代韓國的情況。這是韓國社會的後現代化，同時也是「日本化」的現象。

在韓國的年輕人和青少年之間，「귀엽다」（可愛）概念的持續滲透就是一個顯著的例子。當然「귀엽다」這個字自古以來就有在使用，但在使用上漸漸地加入了後現代及日本的價值觀。如今，「可愛」這詞不論在西歐還是亞洲都在持續蔓延開來，韓國也有著相同的傾向。

日語中的「可愛」脫離了「cute」、「pretty」的意涵，轉而與「意圖的純粹性」，也就是與「innocence」的意思相近。在消除既有的共同體性、偏執性、主體性價值的意義上，「可愛」真的是具有強大破壞力的思想。

在「Philip Morris K.K. Art Award 2002」的盛會中，評審蘇珊・桑塔格（Susan Sontag）曾說：「在指出日本動畫及玩具世界中所看到，對『可愛』的強烈意向的同時，還能夠點出原應形成現在這種狀況的過去那一面，卻不復存在……」「日本的年輕藝術家並沒有被遊戲或孩子氣這種特定的價值觀束縛了自我，而是想要獲得遍及廣大範圍的真實感……」（《朝日新聞》二〇〇二年五月十六日晚報・廣告版面）。

「多管閒事」，日本的宅男應該會這樣地誇下海口吧。真實感？這種東西只不過是現代實體主義者、「主觀—客觀」分離主義者的蠢話罷了。

重要的是，這種跳脫真實感的宣言，雖然在九〇年代前半以前的亞洲，只對日本適用。但從九〇年代後半開始，便流傳到韓國、台灣、香港、新加坡這些在過去被稱作是新興工業化國家（NICS）、新興工業經濟地區（NIES）的地區，然後現在也已經開始適用於中國的都會地區。

宅男的孤獨會就此終結嗎？還是說現代實體主義者會再次進行反攻呢？這個時代真是越變越有趣了。

第二節　普遍的美與自由的美

美人信仰

美人信仰在韓國正在逐漸消失嗎？還是說日益強盛呢？

看過韓國的電影及連續劇後，我注意到，由正統派美女演員擔任主角的情況很常見，如果拿來和已不復存在原節子或吉永小百合這類正統派美人的日本電影、連續劇來比較，還會對韓劇羨慕不已。與韓國社會多樣化的程度相比，對女性外貌的審美標準，給人的感覺是保守的。原本對於「美」就很挑剔的韓國人，在價值觀多變的現在，對女性「美」的想法也跟著改變了嗎？

女性的長相是「讓人欣賞的」，而男性的長相是「欣賞別人用的」。所以在韓國的連續劇、電影中演出的演員，在以前是女演員的「美女度」高於男演員的「美男度」。

這是種「아름답다」（美麗）的世界觀，而這種價值觀最為極端的表現，大概就是「韓國小姐」選拔大會吧。一年一度的大會實況，由於也會在日本的民營電視頻道播放，所以搞不好也有人看過。

一言以蔽之，這種不可思議的比賽，我認為在其他地方是不容易見到的。

京畿道小姐、慶尚南道小姐、濟州道小姐等等，從全韓各地脫穎而出的美女們會聚集在總決賽會場，決定韓國小姐的「真」（第一名）、「善」（第二名）、「美」（第三名），大會現場真是華麗壯觀。

為什麼會說是壯觀呢？那是因為每個人都有一樣的身高和身材、一樣的髮型，還都有一樣的長相和妝扮，相像到難以區分每個人的程度。這樣的「美女」們有數十人齊聚一堂，並且要從她們之中選出「真」、「善」、「美」——當然每個人的「內在」個性是各有千秋，而且不光只是容貌，也有很多才能出眾的女性出場比賽——儘管如此，還是沒辦法否認她們給人一種外表太過於相似的印象。

反而是韓國人在看過日本的連續劇或電影後，會因為主角不是美女而感到難以理解。就韓國年輕人的發言來看，這是很有趣的一件事。在日韓流行雜誌的相互比較中，會發現「韓國美女是普遍的」，而「日本美女是特別的」（小針進，「從三千里社會的大門16」，《ＮＨＫ電視台　您好韓語講座》教材二〇〇二年七月號）。

這是因為韓國是會在女性長相上要求「普遍性」的社會。所以在韓國的新聞節目上出現的女主播，也一樣是理性且美麗的「普遍性」長相，也就是所謂的「아름답다」。

如果不是「普遍性」的話，就會坐立難安。這樣的心理就是韓國社會傳統保存下來的原理，這在今後會出現怎樣的轉變？可以說是一個非常重要的重點。

멋（別緻、個性、酷）

但是在韓國也有與這個完全不同的審美觀。

這種審美觀叫做「멋있다」（meo-sit-tta），這個字翻譯成日語的話就是「脫俗的、別緻的」。

這種「멋」（別緻）的概念就是跳脫了整齊畫一的形式美，並將之破壞，存在於這類事物的美，可以說是種不和諧的美。

很多韓國人並不認為「멋있다」這種概念是一種固定形式的美，而是覺得它代表了心靈的自由翱翔。

如果「아름답다」是一種普遍「理」的世界的美，那「멋있다」就是特殊「氣」的世界的美。

講到美術就是韓國畫家張承業及李仲燮的作品；文學則是徐廷柱（因立場為親日派而受到強烈批判）及千祥炳的詩；而音樂是Kim Hyun Sik的歌曲，這些都是典型「멋있다」的代表。

不拘小節、酩酊、漂泊、自由、夢想、恬淡、反抗……這些分裂的價值存在著「멋」的概念。

更重要的是，當韓國人在與日本或中國這類他者比較之後，接著定義出自我的美感時，普遍將這種「멋」的審美觀擺在第一順位的傾向很強烈。他們所認識的「日本之美」是「形式美」，是「遵守樣式」、「追求完美性」、「毫不通融」的美，「멋」就成了他們對於這種定義的

反命題。日本人的美，的確是對每個細節都要求得無微不至的完美形式美，但它不承認「普遍」（也就是說並不是「아름답다」），而只是規範出了一種「特殊」的審美觀。然而韓國雖然自己設定了這樣「不自由」的美，但相對卻因「멋」這種「自由」而擁有了「天才型」的審美觀。

這是將日本的美與韓國的美二元對立性地本質化後，排他性的定義方法，也因此反而看不到韓國本身美的多樣性。

重要的是，在此應該能了解韓國社會所擁有的各種審美觀的相互關係。

變形（deformation）的美

作為美的體系之一部分，並與這個「멋」有所關聯，清楚明確地追求異樣美的世界，在韓國是存在的。

扭曲、不可思議、超越理性、跳脫美的規範、造型意識過度高漲，這種審美觀的世界在韓國是明顯存在的。

具體的表現就是最為知名的假面舞（탈춤）[2]的面具了。

這和日本的能面及伎樂面[3]可說是完全不同，是一個過度、滑稽、誇張、粗鄙、原始的變形（deformation）世界。與講究、品格、纖細的概念完全扯不上關係，是一種不拘小節、猥瑣雜亂的形式。

此外，在從前的韓國一定會於村子入口豎立的「長栍」（장승）[4]柱狀守護神，這也是異樣美的世界。

然後有位從這種「朝鮮的異樣」中感受到無窮魅力的日本人。

他就是岡本太郎[5]。

人們過著悠然自得、不拘小節且吵吵嚷嚷的生活，他對這樣的韓國抱以無條件的讚頌。一九六四年，他第一次造訪韓國並與「熱鬧的混亂」、「鮮豔豐富的色彩」邂逅之後，講出了以下話語：

> 這是件很奇妙的事情，我被這裡的顏色、味道、喧囂觸動、感動到，而且忽然有種回到

---

2 譯註：朝鮮半島上的傳統民族藝術表演，帶著用紙或葫蘆製成的面具來跳舞、演戲。內容大多是對民眾一般日常生活或是統治階級的諷刺及批評。

3 譯註：能劇是一種配戴面具表演的日本古典歌舞劇，其面具被統稱為能面。伎樂則是日本古代的假面音樂舞蹈劇，舞者須配戴上伎樂面搭配音樂表演，為日本最早的外來樂舞。

4 譯註：長栍，或作長丞，為朝鮮半島農村常見的界標、地標及守護神，多以木、石柱製作，上頭刻有古樸滑稽的人臉形狀。

5 譯註：日本的藝術家，生於一九一一年，卒於一九九六年。早年曾在法國生活過並參與過抽象藝術及超現實主義運動。一九七〇年大阪萬國博覽會上的太陽之塔為其成名之作。

自己肉身的故鄉，那種令人懷念、溫暖的感覺。我的祖先搞不好就是從韓國來的吧。最重要的是這裡就是人類本來生活方式的故鄉（「韓國發現」）。

岡本對韓國的假面舞、房子屋簷等的「自由」心馳神往。

> 日本人也不喜歡對稱感，會稍微弄亂、搬弄一下。但是這樣別具心裁的巧思，也別有一番風味。細小，動輒就是小尺寸的。（中略）朝鮮對那塊大陸毫不在意的情形，真是落落大方。我就像被不知從何而來又延伸至何方的絲線，這樣一股延伸的流動感所牽引著（「韓國發現」）。

關於岡本太郎的韓國觀，在平井敏晴撰寫、岡本敏子監修的《岡本太郎深愛的韓國》（アドニス書房，二〇〇四）有著詳盡的說明。

這樣就能很清楚地了解大阪萬國博覽會的「太陽之塔」，為什麼會和韓國的面具在風貌和品味上會如此接近的理由了。

第三節 色彩的世界

對顏色的「恨」

我剛到韓國的時候是一九八〇年代，一直都只穿著黑色的衣服。像烏鴉一樣黑的衣服、好像是從地獄帶來的禮品袋一般又黑又大的公事包、黑色的手套加上黑色的帽子……我很喜歡這種打扮，但每次碰到韓國人卻總是會被問道：「為什麼要穿成這樣呢？」不，應該說是被盤問。韓國人想對我說的是：「你把自己整個人都弄成了不吉利的顏色。」

韓國服裝確實是喜歡華麗的顏色。特別是女性喜歡穿著編有金銀線的紫、藍、黃色之類的衣服。男性上班族也不是黑色布料製成的深色西裝，而是穿著亮灰色或是近似天藍色西裝的人壓倒性地占多數。

對顏色的喜好當然會受到社會經濟狀況的影響，但如果撇開這樣的變數，大體上來看，韓國人的確具有偏好華麗色系的傾向。街頭招牌或是孩童的韓式襖裙，一般都會使用藍紅黃白黑這種叫做「五方色」的五種傳統顏色，老先生老婆婆身上穿的傳統韓服，也是以明亮暖色系的中間色居多。

為什麼會偏好使用這類顏色？有很多種說法，但在傳統社會中「顏色」是被兩班這種上層階級所獨占，平民只被允許使用「白色」，而我認為這點也是非常重要的事情。在朝鮮王朝時代，平民服裝千篇一律地全都是白色，甚至還因此被賦予了「白衣民族」的名號。

這種情形隨著現代化的到來，就連平民都被允許使用一切的顏色，而且因為經濟上變得更為寬裕，也讓他們得以入手這些顏色。

可能就是這樣的「禁色」時代造就了「對顏色的恨」，才使得現代化以後的韓國人養成了華麗色系的喜好。所以韓國人到了八〇年代依然絲毫沒有辦法冷靜地享受「穿衣服的人這種『主體』和顏色這種『客體』之間的關係」的感覺，反而是有種企圖將新出現在眼前的獵物——「顏色」——據為己有而進行一場壯烈廝殺的感覺。「顏色」這一邊，也曾主張怎可輕易地落入平民手中！四處打滾地反抗掙扎。「穿衣服的人」與「顏色」，呈現出互相主張主體性的殘酷情形。王朝時代豪奢雅致的顏色消失殆盡，取而代之的是充滿鬥爭性、鄉土味的原色系色彩，完全地覆蓋了社會的表層。「白」與「黑」之類的哲學意涵被人們遺忘，或許它們是像黑洞一般將「現代化」這種「現在」價值吞噬消滅的事物，而令人感到畏懼。

「白」與「色」

這場「平民」與「顏色」之間的搏鬥，好不容易在九〇年代後半才宣告終結。社會中產階級的茁壯，與「對顏色的恨」的消退。不惜一戰地想要駕馭「顏色」的能量已告衰弱，轉而開始建構起與「顏色」之間的協調性關係。韓國服裝的顏色會開始穩定下來，並不單純是由於經濟危機或不景氣的因素，與「顏色」之間「爭取主體性的戰鬥」調和地告一段落也是主要原因之一。

隨之而來的是在最近變得偏好白色纖維這類淺色系的顏色。原本在傳統上關於「白色」與「白色以外」的二元對立，除了先前提到的「庶民vs兩班」的社會階級關聯之外，在兩班價值觀的內部也存在著雙重性格。

會這樣說，是因為兩班身為與宮廷有直接關係的上層階級，掌控了「白色以外」的顏色；另一方面，作為統治意識形態的儒教，尤其是身為朱子學思想的體現者，他們也生活在將「白色」當成是全宇宙根源的世界觀之中。在朱子學中，最重視的就是情尚未發出的「未發」之心，而這種心態的具體表現是「白」。依照這種世界觀來看，「顏色」這種概念本身就不是純粹的，而是猥瑣混雜的。

兩班就是這樣的雙重性格：一方面生活在「顏色」的世界＝權勢與財富的世界，而另一方面又活在尊崇「白」的世界＝精神性與道德性的世界。這種作為精神性、道德性的「白」的世界，對一般民眾開放的時候，正好就是在民主化運動時期。所以在當時（八〇年代）的民眾運動中最為重要的顏色就是「白＝道德性、精神性」與「黃＝韓國的黃土色＝民眾血淚汗水交雜滲入土地的顏色」。「大眾藝術家」們所描繪出來的主角都是身穿白色服裝，全身黃土的農民。

第五章

韓國人的文化

「發現」韓國文化

日本「文化」讓人有種穩重的感覺，而韓國「文化」則是讓人覺得充滿活力，這是最近的印象。

從前絕不是這樣的。不，應該是完全反過來的情況，是日本「文化」厚顏無恥且暴力地進入朝鮮，破壞並改變了這塊土地。那個時候的朝鮮「文化」就像是民藝運動家柳宗悅[1]定義的那樣，被解釋成是一種安靜、質樸、謹慎、穩重的文化，也就是完全被動的文化。這種定義實際上是一種東方主義，但因為這也是當時日本人所能表明的立場中，最具有「良心」的，所以柳宗悅不光是從日本人，也從韓國人那裡得到了高度的評價，還獲贈了韓國文化勳章。

時代變遷，當韓國正好趕上高度成長的浪潮時，日本人看待韓國文化的眼神也改變了。漢城奧運（一九八八年，漢城現名首爾）前後，韓國熱潮席捲了整個日本，就在這個時候確定了韓國文化的形象具有「朝氣蓬勃」且充滿「力量」的魅力。

九〇年代開始的韓國熱潮，基本上是繼承了八〇年代「強而有力的韓國」而來，再加上「帥氣韓國」、「時髦韓國」，甚至是「可愛韓國」的形象，因而有很大的不同。韓國帥氣電影、時髦女星、可愛歌手……這果然是大眾文化的影響吧。

1　譯註：柳宗悅（一八八九—一九六一年），發起民藝運動的日本思想家。民藝運動指的是從日常生活所用的工藝品中找出美感並加以推廣。

我在九〇年代中葉帶日本大學生到首爾的時候，曾因女學生看到韓國的房子和路樹時大叫：「哎呀！好可愛啊！」而大吃一驚。很遺憾地，就我的感受來說，沒有一次曾經認為韓國的尋常房屋是「可愛的」。但那位學生卻認為韓國所有事物都是可愛的。她在這之後就迷上了韓國，最後到韓國留學去了。

大眾文化與這種「感性」（日語）與「느낌」（neu-kkim，感性）的時代是恰好一致的。而且韓國在「世界化」的呼聲下，採行了「文化商品化」的政策，所以經常對外國市場輸出完成度頗高的大量「文化商品」。

第一節　飛向「普遍」

「韓國」與「文化」、「文明」

在討論「韓國」這個專有名詞與「文化」這個一般名詞之間是否能搭配的時候，取決於討論者個人的知識與感性。譬如說，對於一提到「韓國」就會立刻浮現「軍事獨裁」印象的人來說，在「文化」這個字的延伸概念中，恐怕不會有「韓國」存在。

儘管如此，在歷史上，韓國人的自我意識裡頭，「朝鮮」、「韓國」與「文化」之間不僅可以搭配，甚至已經超越了相容性極佳的程度，幾乎應該是能夠畫上完美等號的關係。不如可以說兩者經常被理解成「一體化」的形式。最起碼對韓國的知識分子而言，少了「文化」而想要描繪出「韓國」是件極為困難的事情。

這當中存在著韓國自我認同的根本。換句話來說，「文化＝韓國」這個等式才是韓國知識分子描繪母國時的宣傳物。

韓國人這股強烈的「文化意識」是歷史所造就的。

而且這裡所說的「文化」絕對不是「特殊」的概念，不如說是依照「普世文明」的意義來使用的，而這一點十分重要。這主要是來自於儒教所定義的文明＝文化觀。

也就是說，在東亞最為強勢的普世思想——儒教——之中，孔子創造出「周文化＝文明＝華（中華）」的等式之後，「文化」與「文明」就被當成是同一種概念，並且經由「文化＝文明＝華」來教化周遭「非文明圈」（夷狄）的這件事，成了一種使命。

朝鮮王朝時代一面倒向儒教的朝鮮，繼承了這個等式。然後在明朝滅亡之後，認為中原文明（華）並非由女真族建立的清朝所繼承，而是是由朝鮮繼承的「小中華」思想蔓延了開來，「朝鮮的儒教文化＝普世的文明＝華」的等式被朝鮮人深信不移。

所以非儒教文化便在朝鮮受到輕視並加以排除，極度地放大了「自我中華化」的普世性意識。

這種韓國人的文化意識就是對「普世性」永無止盡的憧憬，我們應該要先了解到這點。

固有文化

我在八〇年代中葉第一次接觸韓國的時候，由於數年後就要舉辦漢城奧運的緣故，韓國民眾的文化民族主義十分高漲。然而，要牢牢地記住的是，這種民族主義同時具有排他性的一面以及開放性的一面。排他性的一面指的是「我國固有文化才是最為優秀的，絕對是其他人（外國人）所無法理解的」這種封閉性；另一方面，開放性這種典型的命題形式則是在說「我國固有文化才是全世界最具有普世性的」。

這當中特別讓人印象深刻的是後者。具體來說，就是認為巫俗（薩滿教）、東學[2]、花郎、元曉大師的會通佛教（參考二〇九頁），還有「한」（恨）的思想這類世界觀才能開創人類的未來。我勤奮地參加這類內容的研討會，並四處尋找相關書籍。八〇年代的韓國，其本身就是一個熱氣蒸騰的巨大融爐。這的確是種文化民族主義的流露，但韓國人對於「普世性」的強烈憧憬，在自尊心與自卑感的交織之下，形成了對文化認同的摸索，這個面向的性質十分明顯。

在此之前，我在日本的生活空間是完全被後現代所支配的八〇年代東京都，與八〇年代的首爾有著天壤之別。東京的任何事物都是依照差異性來賦予地位，原本在這片符號之海中遨遊的我來到首爾之後，卻在這裡清楚地看見身體、思想、感情這些事物仍處於尚未符號化的狀態下，在相互傾軋的同時，赤裸裸地吶喊的姿態。在那裡，相信「普世」的概念具有最高的價值，費盡心思試圖在韓國的「特殊」之中發掘最為純粹的「普世」價值。在高喊出「國家」、「民族」、「民眾」、「民主」這些概念之後，主導權的爭奪戰便戲劇化地展開了。

對八〇年代的東京來說，完全跟這些事情扯不上關係。這一點對我而言是當時的韓國最具有吸引力的地方。

然而物轉星移，到了九〇年代金泳三執政的時代，韓國的「文化」定位從這時候開始有了急速的轉變。簡單地來說，就是因「世界化」政策的出現而帶來的改變。

這項政策因為「文化商品化」的策略而得到了支持，此刻提出的口號就是「最韓國的就是最世界的」。在這個「世界化」的時代中，韓國的特殊性與普世性收斂於「商品化文化」上頭（包含大眾文化及生活文化）。在這當中，「商品化」是普世的。換句話說，就是一種「特殊的文化」經由「普遍的商品化」之後，就能成為普世性概念的想法。

喜好「普遍」的人們

這種「普遍」在思考韓國文化時是重要的關鍵字之一。

我曾經有機會參觀韓語教育的模擬教學課程，負責授課的是四位韓國人與一位日本人。這五個人都有非常出色的成就，在大學也是負責教授韓語的老師。

---

2 譯註：「東學」是一八六〇年在朝鮮半島由崔濟愚所發起的思潮，與朱子學及西學不同，是朝鮮獨自形成的思想體系。「花郎」指的是新羅的男巫，或是以男巫為中心的青年組織，不僅是貴族子弟的社交場所，也是帶有教育機能的宗教機構。

在教導日本大學生韓語的前提下，五個人在自己的專業領域上依照個人的教育理念及方法論，各自進行五分鐘的授課內容。

我在看過這場模擬教學後大吃一驚。為什麼呢？這是因為四位韓國教師都是從某本教科書上把內容影印下來然後授課（有一位是使用自己的著作）。只有那位日本教師自己親手製作教材進行個人獨特教學（這在我看來是非常特別的地方）。韓國人授課的方式是以非常一般化（標準化）的觀點來講解文法、發音及文字，這雖然是著重於理論且完美的教學方式，但我實在看不出來獨創性在哪裡。相較之下，日本人的方法就是非常重視特殊情況的臨場感，雖然多少略顯幼稚，但這是針對尚未成熟的日本學生，花費一番功夫親手製作而成的生活化教材。也就是說，韓國人全都是理論性、優等生地、一般性、依賴權威地、時髦地、缺乏個性地，並用演繹性的陳述來完成授課。但日本人則是從頭到尾親力親為、不漂亮的、家庭手工業性、有個性的、歸納性的、表現出充滿創意的講課內容。

只靠這個案例就想要得出一般性的結論，當然是行不通的，那麼接下來的內容如何。

在韓國廣告公司負責指導創意製作的日本籍顧問曾經說了這樣的事情。韓國廣告文案編撰者只會寫出「像大象一般的大車」或是「像玫瑰一樣紅的鞋子」之類的文案，讓人感到很困擾。儘管沒有使用這樣明顯的直喻法，但想法本身就是這種模樣的文案也是異常地多。「大象」、「玫瑰」指的是什麼呢？它們代表的不是「個別」而是「普世性」。不只是文案，連廣告企畫案的整體設計也只是無可救藥地美式風格、理論性、無懈可擊、一般性且完美地臨摹出表面而已。相較之下，日本的廣告設計者則經常親力親為地收集資訊，還會運用非常歸納性的手法，對於不聰明的廣告表現方式只會露出可怕的表情，一面專注於細節，一面要求一絲不苟。結果就是韓國的廣告什麼都無法傳達，如果這樣說是言過其實的話，那他們只不過是想要透過普世性的權威來突顯出個別性罷了。日本的廣告，即便如此都還能將訊息傳達給消費者明白。但是在國際廣告獎項的審查上，韓國廣告這邊很明顯地反應都不錯，但日本廣告則是過於特殊到外國人完全搞不清楚它到底在傳達些什麼。

韓國人確實就是喜歡普世性的人。總而言之，韓國人要是沒有基於普世性而產生的推演，就無法生存下去，高喊「韓國的特殊性、特殊性」的勢力，實際上也經常殷切盼望能用「普遍」來突顯出它的「特殊」。

第二節 文化的自尊與複雜情結

文化國民——演繹的力量

搞不好現在還是如此，在八〇年代到九〇年代的韓國，到處都張貼著「우리（我們）是文化國民」的標語。去過機場廁所的人都會看到寫著以下內容的貼紙：

敬告：我們是文化國民，請遵守公共道德。
◎衛生紙請節約使用。
◎使用過後，請務必壓一下馬桶後方的拉柄。
◎衛生紙以外的垃圾請丟入垃圾桶內。

總覺得「文化國民」這個詞彙好像經常出現在像是廁所這類隱蔽的場所裡頭。這是有理由的。貼紙在這裡所要訴求的是，用儒教的話來說就是「慎獨」。「君子必慎其獨也」（《大學》傳第六章、《中庸》第一章）。「獨」根據朱子的註釋是「人所不知而己所獨知之地也」。

朱子賦予這句話非常深奧的哲學意涵，但與此完全相反地，若是以最通俗的意思來使用這句話，在廁所這種誰都看不到的私人空間內遵守公共道德就叫做「慎獨」。「獨處中謹慎不苟」，這就是文化國家形成時一定需要的中心德目。

有句話說「莫現乎隱（暗處），莫顯乎微（小事）」（《中庸》第一章）。這是句很可怕的話，而用通俗的意思來解釋的話，就是說「沒有比像是廁所這種密閉幽暗又狹窄的地方，來得更加開放且一覽無遺的了」。

雖然朱子根據「幾」的概念[3]，認為「慎獨」是一種心態上的問題，並且精緻地使其形而上學化，我們不難理解，這可以解釋成任何一位士大夫獨處時應有的行為舉止，但並不光只有這種高深的含意，以「廁所內慎獨」這種淺顯的意思來解釋也不見得就是錯的。

不過這種廁所貼紙上並沒有註明作者的姓名，可能機場當局就是當事者，但卻沒有清楚標示上去。這個情形表明了一件重大的事實：國家、政府、主政者、權力……這類的主體，在隱藏了自己身影的情況下，先驗地對著國民下了「你是文化國民」的定義。然後「因為是文化國民，所以請遵守公共道德」，而將道德強加在他們身上。

全體國民事先被定義成為「文化國民」，並且依照此一定義對他們下達指令，這種想法具有非常強烈的演繹性格。並不是因為觀察到每一個人都會遵守公共道德，所以歸納出整體看來稱得上是「文化國民」的結論。

這種演繹性權力結構的言論在韓國非常地常見，人們在被事先規範的事項當中，儘管反抗但卻又服從這些規定，服從的同時卻又試圖反抗。

文化的力量——事大主義

接著繼續來討論看看「文化國民」。

例如曾經出現過以下內容的廣告。時間是九〇年代中葉，由於韓國當時正朝向「透過文化整合國民」的道路邁進，所以製作了很多這種類型的廣告。

3 編按：「幾」意指動念的一剎那，將有決定而尚未決定，可善可惡的關頭。

這是鮮京集團的企業廣告，畫面上用彩色描繪出韓國獨立運動家金九的巨大笑臉。額頭上的文字寫著「我所希望的우리나라」（u-ri-na-ra，我國），身體部分的文字全文就如以下的內容所示。前半段引自只要是韓國人都知道的金九著作《白凡逸志》，文章雖然很長但還是希望讀者能夠過目（譯文採用直譯風格）：

「我希望우리나라能成為世界上最美麗的國家，但並不希望成為最富強的國家。我們的經濟力能令我們生活富裕，我們的武力能防禦外來者的侵略就已足夠。不過，最想要得到的是高度的文化力量。因為文化的力量能令我們自身感到幸福，進而將幸福分享給其他人。人類現在感到不幸福的根本原因，就是由於仁義的不足、慈悲的不足、愛的不足。為了要培育這種精神，就只能專注於文化上頭。我希望우리나라能成為這種高度嶄新文化的根源、目標、模範。我相信我們始祖檀君[4]的理想——弘益人間指的就是這個。」——七十年的生涯，一心一意為了愛國而奉獻出全部的民族主義者，白凡．金九。他渴望我們民族全體能以互相分享仁義與愛的真誠文化民族之姿成為世界的模範。開創了全新飛躍性時代的現在，伴隨著經濟上的發展，考量到우리나라作為自豪的文化民族成長壯大後的未來並且一起反覆地回味觸動內心深處的白凡話語。／鮮京，考量到互助互享、充滿活力的社會，謙虛地傾聽先人留給我們巨大啟示的重要話語。／鮮京集團（《中央日報》一九九四年八月十九日）。

當時韓國民眾才剛警覺到「財閥」是一種邪惡的存在，況且從朱子學及馬克思主義的思考角度來看，企業及廣告這類事物也被當成是不好的東西。作為要將這種惡轉換成善的工具而請出來的，就是民族的英雄——金九，還有民族自尊心的核心——「文化」。無論是「金九」還是「文化」，都是一種只要是韓國人誰都無法加以批判的特權符號。利用這種絕對性的符號來打造當時的企業廣告。

這是一種壓倒性的事大主義。企圖讓自我存在的本身透過絕對性且正確無誤的價值來獲得保障，這是種依賴權威且懦弱的精神。在日本的廣告製作上，這可是絕對不能使用的嚴禁事項。

第三節　文化的傳遞者

代表性的文化人是誰？

韓國人認為什麼樣的人才是具有代表性的「韓國文化人」呢？

在這裡有一項調查結果。為了紀念韓國建國（一九四八）五十周年紀念，朝鮮日報舉辦了

4 譯註：「檀君」一般被認為是朝鮮半島民間傳說虛構出來的始祖及山神，但因民族主義作祟，被渲染成為真實存在的人物。

調查——「大韓民國五十年歷史上，最具有貢獻的人物是誰？」在「文化」這個領域的名單就是以下這些人物（《月刊朝鮮》一九九八年八月號）。雖然是好些年前的資料了，但韓國人基本的「文化意識」在這之後也沒有多大的變化，按照排名順序是這樣的：

鄭明勳（指揮家，一九五三—）（獲得壓倒性票數）
李御寧（韓國文學學者，一九三四—）
安益泰（國歌作曲者，一九〇六—一九六五）
白南準（影像藝術家，一九三二—二〇〇六）
李美子（歌手，一九四一—）
禹長春（農學家、一八九八—一九五九）
金玉吉（梨花女子大學前校長，一九二一—一九九〇）
趙容弼（歌手，一九五〇—）
崔佛岩（演員，一九四〇—）
李燦振（「韓文與電腦公司」總經理，一九六五—）
曹秀美（女高音歌唱家，一九六二—）
崔鉉培（韓語學者，一八九四—一九七〇）
安德烈．金（時尚設計師，一九三五—二〇一〇）

金德洙（農樂[5]演奏家，一八九四—一九五二）

徐廷柱（詩人，一九一五—二〇〇〇）

朴景利（女性作家，一九二六—二〇〇八）

這裡「具有貢獻」的意思，主要是從對國家的發展或是海外知名度的觀點來看。所以名單上很多都是在海外有活躍表現或是對民族文化發展有所貢獻的人物。「引以為傲的韓國人」這句話在韓國時常耳聞，而這些人就正是這種類型的人物。文學創作者直到第十四、十五名才終於出現在名單上，也是能夠理解的。要是有誰得到了諾貝爾文學獎，那一定就會是第一名沒有錯。

然而重要的就是這種「文化」觀念支配著現在韓國人的心理。

也就是說，現在的韓國是將「文化」定位成重要的國家政策一環。在這一點上，如果沒有理解到是與日本的情況完全不同的話，就沒辦法了解韓國文化。總而言之，現在日本人所欠缺但對韓國人而言卻是一種常識的是——「有系統、次序地看待文化」的視角。換句話說，在國家政策上替「重要」的文化與「不重要」的文化排列出上下次序，並只對「重要」的文化給予評價的態度。

5 譯註：農樂是朝鮮傳統民俗音樂的一種，源於集體農作文化，在農耕、婚禮、薩滿教等儀式上表演。

由於整合性地持續提出這種官方文化觀點，因而逐漸成為重要存在的人，就是在上述調查中占有第二名地位的李御寧。曾擔任過韓國第一任文化體育觀光部長官（部長）的這個人，長久以來一直擔任著定義、鼓吹韓國人「文化力量」的意見領袖角色。

以上述的調查來看，鄭明勳是具體呈現出「文化力量」的典型人物。身為世界知名指揮家的他，由於在古典音樂及西洋文化「核心處」打響了韓國人的名號，所以獲得了壓倒性的票數。

被譽為「亞洲最優秀的女高音」、「花腔女王」的曹秀美，也是因為在古典音樂界獲得了世界性的高度評價才會雀屏中選。白南準及安德烈．金的情形也是各自在藝術、時尚這類「發源於西方」的文化領域中十分活躍，才得到了認可。至於李美子、趙容弼、金德洙等人的活動領域，若以傳統價值觀來評價，應該會被「高級文化」排除在外，卻在調查中得到高度的評價，根本原因就是他們在海外地區表現優秀且十分活躍。

以這層意義來說，電影導演林權澤（一九三六—）沒有出現在前段名次，著實令人感到意外。他的《曼陀羅》、《借種》、《西便制》、《太白山脈》等藝術作品，在海外各電影節中曾獲得高度評價。如果現在進行這種類型的調查，電影方面的金基德導演（一九六〇—）、電視連續劇的尹錫湖導演（一九五七—）的名字也應該會出現在前幾名。

再來，與文化意見領袖李御寧齊名的人物，就是朝鮮日報知名專欄作家李圭泰（一九三三—）。他以《韓國人的意識結構》叢書為首，打造出「李圭泰韓國學」，還擁有一百幾十冊著作。讀者每天早上第一眼就會看到他的專欄，因此具有莫大影響力。

同樣地，在建構「韓國文化認同」上發揮強烈影響力的是東方哲學家金容沃（一九四八—）。他持續提供「透過東方哲學來觀察韓國」的鮮明視野，還在電視上教授《老子》、《論語》，雖是通識節目卻有驚人的收視率。

而且除了這些人物之外，還有很多韓國後現代文化的代表性知識分子。如果只能舉出一個名字，應該就是一直勇於提出性關係言論的馬光洙（一九五一—）最為知名。

李御寧

那麼請大家把手舉起來。剪刀！石頭！布！猜拳這種遊戲只出布和石頭是不行的，這樣只會單方面地變成某一方贏另一方的關係。再加上剪刀之後，猜拳這種行為才會以動態的世界觀而成立。假如布與石頭中的某一方是中國與日本的話，那韓國是什麼呢？就是剪刀。只有中國與日本雙方面對面的話，就一定會引起爭執。但就是因為在他們之中有韓國這把剪刀作為緩衝，所以東亞才能順利地發展下去。

在某個研討會的會場上，大致用以上內容來說明東亞秩序動態架構的人就是李御寧（筆者自負文責）。這種的說法會不會受到歡迎？就要看聽眾們的反應了。遺憾的是，參加這場研討會的人，是一群對日中韓關係感到不滿的學者專家，所以單就我周圍所見，這種說法只獲得冷淡以對。籠統來說，中國人的反應是「你到底在說什麼啊？」而日本人則是「這是一個會說笑的人……」

但是同樣的內容，如果聽眾是所謂的「一般大眾」的話，反應就會變得完全不一樣了。大概會得到「原來是這樣呀」、「真是讓人恍然大悟」、「果然是個能言善道的人」之類的讚美並且伴隨著歡呼與掌聲。

一提到李御寧，在日本絕對是因為《日本人的縮小意識》這本轟動書市的作品而使人印象深刻，而這本書會受到歡迎的原因，正好就是因為它是「一般大眾」性質的書籍。用「縮小」這個詞彙來一語道出日本的本質並且解釋一切的這本書成了暢銷書籍，在外國人的「日本人論」中被譽為優秀的作品。

雖然充分理解到知識分子們對他的嫉妒，但卻高傲地無視於此，還經常面對群眾舉辦活動的文化英雄李御寧，他的活躍當然決不會僅止於撰稿出書（著作已經有多達一百五十冊以上）。一九八八年時負責籌畫漢城奧運，一九九〇年到隔年擔任文化體育觀光部長官。迎接二十一世紀時，還以新千年準備委員會委員長的身分打造出韓國將來的展望，稍後更負責統籌二〇〇二年的世界盃足球賽。除此之外還替無數的活動及出版物形塑他們的「文化」。李御寧曾說「日本的兩千元鈔票是日本盜用了原本出自於他的創意」，因為他相信為了紀念西元兩千年而發行兩千元紙幣的話，將能促使消費活化。總而言之，他是一位接二連三地打造出「韓國」

形象及概念的國家級綜合文化製作人。每當看到他的發言及著作中猶如天才般的傑出表現後，會讓人感嘆日本居然沒有如此優秀的文化英雄。在日本負責從事這類工作的人，大家在文化意涵上的層次，或用別的話來說就是「世界觀的規模都太過於狹隘了」。在停滯不前的日本以及充滿活力的韓國背後，也存在著這種意見領袖的問題。

第四節　五花八門的文化面貌

노래（no-rae，歌）

韓國人都很會唱歌。

曾和韓國人一起去過卡拉ＯＫ的日本人，十之八九會這樣認為。當然，不管怎樣都唱得很爛的韓國人也不在少數，不過韓國人一拿起麥克風之後都會充滿自信地開唱，所以聽起來大家都覺得不錯。

話雖如此，但要說唱歌在韓國人的生活中占有很重要的地位，卻又絕非如此。事實上唱歌這件事在傳統上受到統治階級鄙視，歌手的社會地位非常低，兩班階級的人自己是絕不唱歌的。

但是對於身為平民階層核心的農民而言，唱歌在生活中是不可或缺的。一邊耕作一邊唱歌，這在日本和韓國都是一樣的。

這種「歌是大眾的」的思想，最為有力並且得到人們共鳴的時期，是從七〇年代開始，經過八〇年代，一直到九〇年代這段時期的「民眾歌謠運動」。

當時的韓國是一個以現代化、軍事價值優先且高度成長的時代。同時，對抗這股時代核心價值的力量也相當強盛。「反獨裁」的民主化和學生運動就是那時候的代表性力量。而且藉由「歌」的力量試著讓民眾、勞工、學生等團結一致的「民眾歌謠」浪潮，也對這個時期的韓國社會發揮強大的影響力。

在八〇年代中葉的時候，我也經常前往「民眾歌謠運動」現場的「노래茶房」。雖然過去在日本並沒有實際體驗過「民歌咖啡館」，但是在韓國的「노래茶房」裡頭，會讓人覺得「民歌咖啡館」或許就是如此。不對，恐怕因為有著超乎「民歌咖啡館」的能量，而成了一種充滿著異樣熱情的空間。

受到壓迫的人、出賣勞力的人、滿頭大汗的人、為純愛而生的人、與自然共生共榮的人……質樸且強而有力地唱著那些存在的純粹性與反權力性的「歌」，這些歌曲在「地下」社會被傳唱並鼓舞人群。這和社會主義意識形態有類似之處，但不一定只是為了追求政治上的目的。

其中代表性的歌曲是〈아침이슬〉（a-chi-mi-seul，朝露）。傳說中的創作歌手金敏基（一九五一—）作詞作曲的這首歌，由楊姬銀（一九五二—）錄製後於一九七一年發行。

在韓國提到「民主化運動之歌」就是這首〈朝露〉，而一講到〈朝露〉就會想到「民主化」。這首歌被政府禁止，成了在地下廣為傳唱的歌曲。

當時的「歌」成了替人民傳達心聲的工具，純粹性就是它的生命，而不是為了追求金錢上的利益。「돈」（don，錢）與「歌」的距離是遙遠的，它渴望著遠方的事物、標榜著遠方的事物。

但是這種「民眾歌謠」體系的歌曲，在進入九〇年代之後，就急速地衰落了。取而代之是九〇年代開始興盛的、強力主打娛樂性的歌曲。這與八〇年代之前的「歌」完全不同，是基於市場需求而打造成熱門暢銷的「追求利益型」歌曲。年輕族群於九〇年代進入消費市場，以他們為目標的廣告策略和節目製作，迅速地改變了電視圈的生態。年輕族群的形象從「訴求社會正義的運動主體」搖身一變成為「在後期資本主義市場中的消費主體」。隨之而來地，「歌」跳脫出了民謠吉他與團隊合作的框架，音樂影片及光碟搖身一變成了吶喊後現代的媒介。

以「純粹程度之高低」的標準而傳唱的「歌」，曾幾何時，變成用「熱門程度之高低」的基準來評價了。

在這種「歌」的戲劇化轉變裡頭，最重要的是「民歌」與「熱門歌曲」的核心主導者都是「三八六世代」（六十五頁）的這個事實。這種性格上完全相反的「歌」，都是由「三八六世代」來負責的這個事實，如實地表現出了這個時代與這個世代的特徵。換句話說，政治理念與市場需求、追求純粹性與追求利益，同時具有這種自相矛盾性格的就是「三八六世代」的特徵。

담배（dam-bae，香菸）

在韓國的民間故事中，開頭一定會提到「很久很久以前老虎還在抽菸的時代」這句陳年老調。可見抽菸對韓國人而言關係有多麼地深厚。

當然，一般來說以前都是用菸斗抽菸的。看到王朝時代末期的照片，可以發現男性出門在外都一定會攜帶著菸斗。

不管是平民還是兩班都會抽菸，尤其是作為兩班的權勢象徵，其特徵就在於菸斗的長度。由於抽菸有著這樣的歷史，所以在文化上也有著特別的意義。譬如說在雙親或是老師這類使用全羅道、慶尚道出產的華箬竹製成的竹煙袋桿，有的可以到兩尺之長。

長輩面前有不能吸菸的正式禮節。這是因為香菸當中內含著一種「權威」的意涵。

而且比起日本其他國家，在韓國對於女性抽菸的禁忌意識很強烈（但是老太婆抽菸卻完全沒有任何問題）。韓國人來到日本後，看到女性在眾人面前或者是大馬路上光明正大地抽菸模樣都會大吃一驚。話雖如此，但是韓國女性卻又並非絕不抽菸，大學或商店內的女廁內經常是煙霧迷濛的狀態。

香菸也被當成反日道具而大為活躍。日本香菸在味道上贏得了「순하다」（sun-ha-da，溫和）的評價而廣受好評，但是抽這種香菸卻會被當成是缺乏愛國心的行為，在過去就經常看到因此而受到譴責的情況。「日本製香菸抵制運動」總是不斷地上演。

但是近年來社會上的禁菸活動盛行，公共場所禁菸的執行程度給人一種比日本還來得更為徹底的印象。

외식（oe-sik，外食）

現在的韓國非常盛行外食，只要是人潮聚集的地方，就有餐廳林立而且還營業到深夜，比起日本來得更為便利。

可是雖然在日本有很多連鎖店之類的「企業」化餐廳，但這種店家在韓國卻不多，反而是整個家族一起和樂經營的餐廳直到近年來都占大多數。

會有這種情形的原因來自於「外食」這種行為的歷史。在日本的江戶時代，外食興盛，人們競相奔往美味、知名的店家品嘗美食。同時印刷術進步，發展出傳遞「店家資訊」的媒體，這與今天的日本雜誌文化有著深厚的關係。

不過，韓國在傳統上並沒有外食的習慣，直到邁入現代都還只存在著妓生[6]營業的屋子，或是提供旅人酒飯的簡易食堂。直到現代以後才出現餐廳的概念。兩國在外食文化上有著這種歷史背景的差異。

而韓國對於餐廳業者及服務人員的社會敬意，可以說是完全不存在的程度，所以也就沒有

6 譯註：朝鮮半島上的傳統藝妓，替朝鮮國王及兩班階級提供歌舞表演。最早出現於高麗王朝時代，屬於賤民階級。

所謂老店的概念。一九三二年創業的泥鰍鍋店「湧金屋」可說是首爾歷史最為悠久的餐廳之一。雖然是老店中的老店，但進到店內一看，即使格局、器具、接待客人的方式都與日本發源地的泥鰍鍋店沒有什麼不同，卻完全沒有在日本「老鋪」中普遍能感受到的氣氛，真是讓人覺得遺憾。能訴說往昔繁華的，就只有記錄著從殖民地時代到解放後這段期間，現代文人、藝術家雲集店內談笑風生的新聞剪報。現在也有作家或編輯這類客人在店內大快朵頤，享受泥鰍鍋料理，但是其態度真的就是「喂！大嬸，酒沒了啦，趕快送上來」式的小酒館風格。

在韓國也幾乎沒有料理外帶的概念，雖然有披薩或中式料理的外送服務，但「外送」服務在社會上的定位也與日本不同。韓國人最討厭的就是在日本會叫外送壽司來招待客人，雖然也有一些日本人認為這是失禮的行為，但是其他人則覺得這並沒有什麼不敬之處，在韓國這就是絕對不可能發生的事情。韓國人到日本的家庭拜訪，如果擺出來的是外面買來的料理，韓國人一定會懷疑自己是不是被瞧不起，所以才受到這種嚴重的侮辱。這種悔恨與憤怒，他們大概會一生都難以忘懷。

시（si，詩）

我在國、高中時代曾是一個耽溺於文學的青少年，雖然如此卻沒有接觸過韓國、朝鮮的詩歌。

上了大學之後才第一次知道金芝河（一九四一—）這位韓國詩人並且讀到他的作品。我記得我一下子就被他那強烈的政治性，還有陰暗、激動、難以捉摸的情感深深吸引。我永遠記得那年是一九七八年，韓國的「獨裁者」朴正熙總統遭到部下暗殺的前一年。金芝河被以思想犯的罪名遭到政府判決死刑。而我則是在東京幽暗的咖啡店內貪婪地閱讀他的詩文。

金芝河的世界，與我在國、高中時代所熱中的詩歌，完全是兩個不同的世界。我在此之前喜歡的詩作是法國的斯特凡．馬拉美（Stéphane Mallarmé）、美國的愛倫．坡（Edgar Allan Poe）、德國的佛雷德里希．荷爾德林（Johann Christian Friedrich Hölderlin）、中國的李賀、日本的伊東靜雄。也就是沉浸在浪漫或是象徵性，而且帶有魔性的詩歌世界之中。

金芝河創作了很多具有政治性、在思想上謳歌韓國歷史，以及出身地全羅南道遭受壓迫的詩文。從這層意義來看，這與我高中之前接觸到的浪漫主義作品是完全不同的世界。

但是為什麼在洋溢著政治性的話語以及悲壯慘烈的詩文裡頭，我卻能感受到「浪漫性」呢？韓國的詩歌是浪漫的。儘管是政治性的、思想性的詩歌，都依然是浪漫的。我如此地深信不疑。

雖然在這之後的韓國社會絕對稱不上是富有詩意，但在韓國卻洋溢著詩歌。應該說，就是因為稱不上是個富有詩意的社會，所以才會充滿了詩詞歌曲。

地鐵車站內張貼的不是廣告而是詩詞，出版業界中詩集的銷路一向不錯。在大型書店的詩集專櫃旁，不僅會看到含苞待放的少女，就連穿著邋遢的中年大叔熱中地閱讀詩作的身影都能瞧見。日本人是站著看漫畫，韓國人是站著讀詩詞。甚至有銷售量高達數萬、數十萬冊的暢銷詩集。

但就因此要說韓國社會是一個浪漫的世界，卻是正好相反，它是一個背後有著毫無止境的上進意向、弱肉強食的無限競爭社會。所以人們為了讓注意力從殘酷痛苦的現實上轉移開來，出現了追求「純粹抒情性」的傾向。對「純粹性」的憧憬在韓國是非常強烈的，這讓他們熱中於「理念／意識形態」、「宗教」、「詩歌」等各式各樣的形式。而且「美麗正確的話語必能讓對方理解」，這種對言詞的強烈絕對信賴也是韓國人的特徵。

殖民地時代、民主化運動時代，然後是後民主化時代，詩歌一直都呈現出韓國人對「純粹話語」的信仰。

날개（nal-kkae，翅膀）

遠離首爾的喧囂地帶，在某條小路上朝著某個方向蜿蜒前行，有一間靜謐而毫不起眼的小店，這是一家能品嘗到王朝時代首爾料理的餐館。店老闆是個奇怪的人，他的堅持就是「器皿是翅膀（輔佐）」。他認為不光是食物的味道，器皿以及擺盤也得小心注意，不然稱不上是首爾料理。他還用女性般抑揚頓挫的聲調說，解放後這一帶店家端出的料理完全不叫首爾料理嘛。

「器皿是翅膀」。韓語寫作「그릇이 날개다」（geu-reu-si nal-kkae-da）。

翅膀叫作「날개」，因為「날다」（nal-tta）是動詞「飛翔」，所以語幹「날」（nal）的後面加上表示「事物」的單字「개」（gae）就成了「날개」。

翅膀是瀟灑的，因為它能帶人脫離塵世間的價值自由翺翔。

實際上日常生活中比「器皿是翅膀」這句成語還容易聽到的是「衣物是翅膀」（옷이 날개다，o-si nal-kkae-da）的這句諺語。意思就是「佛要金裝、人要衣裝」。

韓國人有著講究穿著的一面。雖然最近變得相當安分，但在以前非常執著於華麗花俏，非常強烈地偏好那種顏色和裝飾都給人亂七八糟感覺的服裝。在王朝時代，身有官職的高貴人士才能穿顏色和裝飾都很華麗的服裝，而平民只能穿著樸素的白色衣物。作為當時的文化心理結晶，將「衣物是翅膀」的精神流傳了下來。

那麼一講到「날개」（翅膀），不管是哪位韓國人都會想到的就是李箱（一九一〇—一九三七年）的同名短篇小說。

在朝鮮淪落成為殖民地那一年出生的李箱，本名叫做金海卿。據說他在朝鮮總督府建築課服務的時候，由於日本人搞錯了，把他叫成「李桑」（李さん），所以就將筆名取做「李箱」。

他既後現代又前衛，還有龐克風格。

他在報紙上發表的詩歌，由於過於難懂，完全搞不清楚想說些什麼的緣故，遭到讀者蜂湧而來的強烈批判。辭去總督府職務後，在現代京城的市中心經營過幾家最新潮的咖啡屋，但都失敗了。此後一邊自暴自棄過著頹廢的生活，一邊持續撰寫詩歌及小說，沒有發表機會的時候，就替別人的小說繪製插圖。

李箱為了要看一眼「二十世紀辨事處」的現代東京而來到日本，卻遭到西神田警察署不當羈押，後因健康惡化之故轉移至東京帝國大學醫院，並且在此英年早逝。

短篇小說〈翼〉的主角是個一直都沒有幹勁，還經常把自己關在房間裡頭的男子，讓妻子負責賺錢養家，而妻子則是在自家做起了生意。男主角有一回在京城的街道上閒逛，來到車站的咖啡店點了杯咖啡喝。這是一條沒有人認識他的街道，現代的京城。最後男主角覺得腋下發癢，因為那裡過去曾長著一對人工翅膀。

你知道「被製成標本的天才」嗎？……假造你自身也不賴……十九世紀就這樣封閉終結吧……這些文字就是他留下的訊息。

我認為當這部小說〈翼〉能被完美地拍成電影的時候，就是韓國電影真正具有實力的時候。反過來說，沒有辦法好好地將〈翼〉電影化的韓國電影界，它的實力仍嫌不足。

那到底要誰來拍這部電影呢？林權澤嗎？還是金基德、奉俊昊？

男主角要交由誰來飾演呢？鄭雨盛嗎？不行不行，他的身材太好了，而且不比安聖基年輕是不行的。崔岷植則是太有男子氣概了，張東健也太魁梧了。劉五性？趙在炫？趙寅成？意外的李，李秉憲呢？還是說權相佑也行？他們能將朝鮮殖民地被撕裂的自我陰影完美表現出來嗎？「몸짱」（好身材）有辦法改變成患有肺病的身體嗎？

無庸置疑地，只有能當上電影《翼》的男主角，或是可以飾演這個角色，才能成為符合韓國第一男演員這個稱號的男人。反過來說的話，在擔任《翼》男主角的男星出現之前，「韓國第一男演員」是不存在的。

第五節　運動與文化性

축구（chuk-kku，足球）——（一）撬開大門的力量

二〇〇二年的世界杯足球賽中，韓國擊敗義大利的比賽十分具有衝擊性。

在這場比賽中，韓國人的個性與「大門深鎖」的義大利十字聯防戰術完全吻合。雖然增派攻擊手的胡斯．希丁克（Guus Hiddink）教練的戰術也十分優秀，但在此之前，韓國人的人際關係就是適於應對十字聯防。換句話說，韓國人一看到眼前大門深鎖就會眼神一變。

譬如說，沒有跟某家有商業往來的企業事先約好，就前往拜訪商談生意，抵達對方公司時已經過了下午五點五分，但上班時間只到五點，就因為一線之隔而對方公司已經關門了。這時候是日本人的話，就會「啊！沒能趕上」地放棄，然後步履蹣跚地踏上歸途。不過要是韓國人的話，即便是要撬開一度已經關上的大門，也要試著進去。韓國人原本就比日本人更具有足以擊潰十字聯防的氣魄與能力。這可不是那種練習就能學會的東西，而是平常人際關係、社會氛圍及整體體系的問題。

在韓國，要是自己不管怎樣都想搭上那輛公車的話，儘管公車本來不會停，他們也會試著強行讓公車停下載客，而且還認為別人的東西就是自己的東西。他們不會清楚地去區分這是自己的東西而那是別人的東西，總之就是想要共同擁有；只要有人拿著不錯的東西，其他人就會

想要將其共有化，這是韓國人的想法。別人腳下的足球也是自己的東西，對於強行搶球這件事，他們完全不會有所遲疑。這樣的人際關係就是韓國的足球風格。強行撬開大門，強行進入，人生反正就是一場賭博。

日本的足球球評看完義韓之戰後，曾說「不顧後果、全力以赴，運氣就是會落在這種人身上」。韓國人的日常生活真的就是因為這種不顧後果、全力以赴的精神，而被充滿風險的冒險性點綴得多采多姿。

相較之下，日本隊的球風就是花俏而沒有個性，只會避免衝撞及摩擦，執行完美的傳球，然後踢出進球可能性很低的射門。這種日本足球可以用菲利普·特魯西埃（Philippe Troussier）教練說的「自動化」來形容，那就是說他們屏除了人性，像自動化機械一般依照正確流程來運作。

雖然日本隊在世界杯中也是努力奮戰，但是看過日本隊比賽之後再看到韓國隊的比賽，實在是無可奈何地會覺得，日本的球風就像大小姐那種「要踢了唷。可以踢了喔」的風格。這不是哪一邊好壞的問題。像日本那種避免摩擦型的球風，如果能夠取勝的話，還是會覺得他們踢得很出色；像韓國、義大利那種人際關係深厚型的球風，勝利的話也是會覺得他們表現很優秀。這就是勝者為王、敗者為寇的道理，不過不知道該說是悲哀還是有趣，這種人際關係的「型」可沒那麼容易改變。

축구（足球）——（二）雖千萬人吾往矣

一言以蔽之，韓式足球就是「儒教足球」、「道德足球」。

在與《朝日新聞》的對談中，西蒙．庫柏（Simon Kuper）說：「採訪希丁克教練的時候，他曾說『一定得對深植在選手心中的儒教思想做出某種應對』。（中略）由於具有盡可能安全、簡單地踢球的傾向，所以要向他們強調『有危險也在所不惜』的觀念」。

不過這裡應該要知道的是儒教具有兩種不同面貌。

在人際關係中，以上下次序最為優先，絕對服從長輩的話並且像優等生般行事，是儒教的觀念，所以就認為「儒教足球」中沒有自由精神、沒有冒險犯難心態的話，只是看到儒教的其中一面而已。

另一面，「雖千萬人，吾往矣」（《孟子．公孫丑上》）的精神也是儒教的，這一點千萬不能忽略。也就是說，只要深信在道德上是正確的事情，不管面對是什麼樣的敵人都會勇往直前，這也是儒教的精神。

大略地來說，儒教具有「保守的儒教」以及「革新的儒教」兩種面貌。大鹽平八郎（一七九三－一八三七年）[7]想要擊潰的就是「保守的儒教」，但他所信奉的卻是「革新的儒教」。幕

---

7 譯註：一八三六年日本發生饑荒，大鹽平八郎替水深火熱的下層民眾向官府請命，卻遭到拒絕，便於隔年聯合農民、貧民在大坂起義，事敗自殺。

末的志士們也是如此，韓國民主化運動的鬥士們也是這樣。總之，在儒教社會裡頭，只能透過儒教來打擊儒教。

日本人並不清楚這種充滿生命力的儒教，一講到《論語》、《孟子》，他們會認為這是老人用來訓誡人的東西。但事實並非如此。儒教也是年輕人的革命理論。

韓國人具有一種特徵，當「對手是欺壓自己的壞蛋」時，經常會發揮出超乎尋常的精神力。時常認為自己受到了比自身更強勢的對手的不當欺壓。對於這種不道德的對手，就是要拚了老命地反抗他們。這時候發揮出來的就是「雖千萬人，吾往矣」的孟子精神。也就是說，良善的事物一定會取得勝利，這種堅定的道德信念，就是儒教精神本身的表現。

相較之下，我認為日本式足球超越了道德觀念，不是以善惡的價值觀，而是用「技術」這種無價值觀的東西來支配場上的一切。所以日本式足球也不會向裁判提出抗議，但無論面對任何對手都能發揮出比較穩定的實力。

反過來說，韓國在面對不值一提的對手時，就沒辦法完全發揮出道德的力量，經常會演變成粗心大意的比賽，大敗而歸。

야구（ya-gu，棒球）

這是九〇年代初期的故事。

那時候舉辦了「日韓明星對抗賽」，日韓職棒各自集結了明星球員，展開了對決。

第一戰、第二戰、第三戰都是由日本取得勝利，韓國在第四戰以八比二大勝。接下來的第五戰，韓國由王牌投手宣銅烈以及左投宋津宇主投，完全封鎖了日本隊的攻勢。宣銅烈帶傷先發上陣，賞給日本打者連續五次的三振，揚眉吐氣。

一言以蔽之，這對韓國人而言是一件非常暢意痛快的事情。

日本隊的主砲是落合博滿，他面對宣銅烈、宋津宇這兩名投手，吃下了連續四次三振，而且是連球皮都沒擦到的完美三振。

年薪三億日圓的打者，在年薪充其量只有幾百萬日圓，頂多兩千萬日圓的外國投手面前，對他們所投的球完全束手無策，這不叫痛快又叫什麼呢！

但是落合博滿做了一件讓韓國人這股痛快感打對折的事情——這位日本三冠王打者被三振之後，用一副沒趕上電車的上班族臉孔露出了微笑。

這對韓國人來說是一件難以理解的事情。我周遭的韓國人都對這點表達不滿並感到憤怒——都被三振出局了，為什麼不會覺得懊惱呢？為什麼還會露出牙齒傻笑呢？為什麼不是用球棒重擊地面後仰天長嘆呢？他們完全無法理解。

當然，這種表達情緒的方式是該名打者的性格特質，但在早已習慣了韓國人平常氣勢洶洶態度的我眼裡看來，也認為這不是身為選手應該有的行為。

職業運動比賽的本質倒底是什麼呢？不就是那些被每天的日常工作及壓力搞得全身疲累的人們，雖然他們自己辦不到，但就真的好像是自己在場上打球那樣地一邊投入感情，一邊掏錢出來欣賞比賽嗎？所以韓國棒球場的觀眾席有時會扭打成一團、引發火災、投擲瓶罐，球迷還會尖叫、跳舞、痛哭，確實變成了一個充滿超級狂熱及亢奮情緒洪流的巨大漩渦。配置在球場周遭的大量員警手持棍棒入場鎮壓時，反而讓場上的騷動變得更為嚴重。在媒體不斷宣導「投擲、打擊才是選手應該做的事情」，並持續呼籲觀眾遵守秩序之後，韓國球迷才終於安分了下來。九〇年代初期，只有在看過職業運動比賽，對場上的某位選手或隊伍投入感情時，才會感覺到「啊！我還活著」的人們，在這個國家裡頭很多。即使是日本，在過去也有很多男性都醉得不省人事了，還做著阪神命、南海景浦先生的這種夢想。真的就是這樣的一個時代。

儘管如此，選手遭到三振還面露微笑，這樣到底是要觀眾怎樣投入感情呢？站在觀眾的立場可是心情鬱悶到了極點，好想退票把錢拿回來。

在日本談到職業運動比賽，就會過於強調是為了欣賞選手一流球技的一面。感情的要素遭到了排除，日本人全都成了專業球評，僅對技術層面做冷靜分析。在日本，就連職業運動比賽都與發洩情緒扯不上關係的話，要期待這裡頭能出現真正的明星球員，或許是太過於勉強了。

還有一點也是韓國人無法理解的，而這也是日本的特徵——選手的周遭聚集了太多的「球評」，各自搬弄著一些籠統含糊的言詞。在轉播日韓明星對抗賽的日本電視台上，球評脫口說出：「總之韓國是抱持著必死的決心而來。」言下之意好像是在暗示日本隊不認真打球的樣子。

不過這些都只不過是藉口罷了。

不管是友誼賽還是何種賽事，勝敗結果就是一切，比賽記錄會永遠地留下來。現在在日本，澤村榮治在草薙球場上壓制住包含貝比魯斯（Babe Ruth）、賈理格（Henry Louis Gehrig）在內的大聯盟明星隊，只讓他們得到一分的「壯舉」，至今仍讓人們記憶深刻。儘管美國人辯解說：「那時候是參觀訪問之餘，順道隨便打打罷了。」但日本人是聽不進去的。

我想起日韓明星對抗賽第五戰的隔天早上，釜山車站有群五歲上下的小男孩，一邊爭相閱讀體育新聞，一邊大聲歡呼喧鬧的模樣。

第十六章

韓國人的人際關係

「語言世界」與「無言世界」的石鍋拌飯

在韓國的連續劇中，不是將重點放在描繪出這個人剛剛那一瞬間的喜怒哀樂，而是試圖去解釋這個人的感情變成現在這種狀況的歷史背景。從小時候的抑鬱及憧憬這類情緒裡，牽出一條「線」來連結到「現在」。換言之，就是像大河劇或長篇小說那種類型的作品，而且在這當中表現出人際關係的互動情形。

日本的偶像劇會盡可能地減少說明，就突然地讓男女主角擁抱在一起，韓國戲劇卻會為這樣的場景加上讓人覺得是多餘的解釋。為了要表現出「剛剛聽到令人震驚的事實之後，內心受到了動搖」的感覺，手上的咖啡杯會很明顯地晃動，除此之外，將杯子放回茶托上時，手還要不停地顫抖讓咖啡從杯中灑出來。

韓國幾乎是個單一民族國家，大家使用著相同的語言，文化同質性非常高，也存在著「心有靈犀」的默契概念。即便如此，還是習慣在連續劇中放入太多的說明解釋。

在歐美的文化場域裡，他們會以猶太教、基督教等等的「契約」概念為基礎，來逐一向對方確認是否了解並同意自己所說的內容，因此會有某種程度的過多說明，這是可以理解的。

但在韓國的情況中，這種「契約文化」並沒有完全地深入底層。另一方面，在儒教的意義上，可以說重視語言的文化已經深入人們心中；這種文化不是藉由契約來達成彼此間的認同，而是用語言來決定哪一方才是正確的。這是個透過「正確性」以及「情」來建構出與對手之間關係的社會。

「正確性」是必須用道理來加以說明的，所以一旦強調這個面向，話語自然就會變得非常繁多。

但和這種情況相反，韓國也是個「不用說也能了解」、心息相通的世界。這兩種概念交錯在一起就是韓國的社會。就好比說這是一種「語言說明的世界」與「無言但互相理解的世界」的「비빔밥」（bi-bim-bap，石鍋拌飯，也就是指混雜在一起）狀態。

這種混雜在一起的情況，也被描繪成連續劇中的世界觀而呈現出來，韓國連續劇因此而變得很有趣。

第一節　禮儀與管教

韓國人是禮儀端正，還是不懂禮貌？

日本人去到韓國的時候，最感到不知所措的是，雖然人家常說「韓國人具有儒教性格且重視禮儀」，但在電車裡或人潮中卻會毫不在意地踩到別人的腳，而且還不道歉，這就是韓國人普遍的態度，讓人懷疑他們倒底懂不懂基本的禮貌。但是在家族或是組織內的長幼尊卑關係裡，韓國人果然就完全像是個參加體育社團的人，一言一行都確實地遵守禮節。這之間的落差是怎麼產生的呢？真讓人不由得感到不可思議。

這種情況簡略地來說，就是他們會清楚地區分出「應該遵守禮節的範圍——우리（u-ri 我們）」，以及「禮儀所不及的領域——남（nam，他人）」的界線。「我們」包含了家族、親戚、所屬組織的直接關係、熟人等。在這種人際關係中要確實地遵守禮節。特別是長幼尊卑的關係比日本還要來得嚴格。然而在對待「我們」以外的人們時，不需要禮儀觀念是很正常的。所以在對待不認識的人，或是處在不認識的人群當中時，一般來說是沒有禮節可言的。就我所目擊到的案例來看，有那種蹲在公車站地板上小便的老太婆，還有飯館裡就讓小朋友坐在餐桌上小便的媽媽（大概是覺得帶去廁所很麻煩）。

不過，由於對老人或是孕婦「儘管不認識也要理解成是『我們』一分子」的社會制約很強烈，所以在地下鐵或是公車上都會立即讓座給他們。

東方禮儀之邦？

韓國人常自豪地說：「我們是東方禮儀之邦。」但我認為這當中有著根本性的誤解。「東方『禮儀』之邦」是中國人用來讚美朝鮮的話語，這是個體現出韓國民族榮耀的關鍵字，但這句話正確來說應該是「東方『禮義』之邦」。也就是說，被稱讚的並不是「禮儀」（etiquette、manner），而是「禮與義」。在韓語中，「禮儀」與「禮義」的發音是一樣的，而且因為只用拼音的韓語來表現而沒有使用漢字註明，所以產生了這樣的混淆。

禮、義都是只針對特定的、自己有義務要盡力實踐的對象所表現出來的公共德目，這與

「公共禮儀」——針對不特定的眾多對象時的行為守則——是毫無關係的概念。

實際上，韓國人自己也充分了解自稱是「東方禮儀之邦」卻缺乏公共道德的情況。因此大眾媒體、自治團體、企業等組織都很積極熱心於推廣禮貌運動。或許是這些運動的成果，在進入九〇年代後，韓國人的公共禮儀有明顯地改善。整體上來說，最近恐怕是日本人自己的公共禮儀變差了。

在韓國應該遵守的事情

由於在韓國要特別好好遵守對待長輩的禮節，所以需要小心注意。和長輩用韓語說話的時候，一定要使用敬語。提到自己的事情時，最好是使用謙讓的表現方式。跟長輩喝酒的場合，舉杯時側轉上半身面朝後方喝酒的方式才是正統的作法。還有，將東西遞交給長輩或是握手的時候，一定要將左手放在右手手肘到手腕附近的位置（絕對不可以只用單手握手）。用餐的時候，不可以在長輩動口之前拿起筷子。除此之外還有很多瑣碎的禮節，不過大體上知道這些的話就不太會犯下大錯了。

其他的一般禮節，譬如用餐時不能端起碗盤吃飯，不能用筷子而是一定要用湯匙舀起白飯來吃。在電車或公車上碰到老人、孕婦、抱著年幼孩子的母親時，必須要讓座。自己有座位的時候，如果身旁有站著的人帶著行李，就要幫他拿著，這些都是應該注意的事項。

管教——嚴格與溺愛之間

韓語中並沒有「管教」這類意涵的固有詞彙，而是使用「가정교육」（ga-jeong-gyo-yuk，家庭教育）的漢字詞[1]，但當然不可能連「管教」這類概念本身都不存在。嚴格的家庭就像上述那樣，用餐時不得說話，也不可以比長輩先動筷子，對長輩要使用敬語，會確實地教育小孩這類「一般禮儀」。

我在韓國生活的時候，讓女兒就讀「놀이방」（no-ri-bang，私設的托兒所），那裡身體力行地徹底地教導了女兒「예의 바르다」（ye-ui ba-reu-da，有禮貌）、「떳떳하다」（tteot-tteo-ta-da，光明磊落）、「정직하다」（jeong-ji-ka-da，正直）等觀念，讓我十分感動，但日本的教育卻認為這類觀念已經跟不上時代而不屑一顧。

儘管如此，不管是在日本還是在韓國，關於教育重心該放在家庭內還是家庭之外，對兩個社會而言都是難題。

在古早的繪畫中，經常可以看到「書堂的訓長」（私塾的老師）嚴格教導小孩的畫面。一般都會認為，在從前的朝鮮對於「師」這號人物是絕對性地服從，但實際上卻並非如此。

青莊館・李德懋（一七四一－一七九三年）是朝鮮後期謹篤的士大夫，他曾這樣說：

---

1 譯註：「漢字詞」是指在東亞文化圈內，中國以外的國家借用古漢語而衍生出來的詞彙，並且直接使用漢字來表記，也就是「外來語漢字」。而固有詞則是發源於當地本土的詞彙。

予嘗受人之托，教數十童子，畢竟成就者少，皆緣其父兄之溺愛。始雖申申屬托，而愈恐其督率。若加楚撻，則大以為異事，而童子始叛去矣。故雖有嚴師友，而若無賢父兄，則不肖子弟，為禽為獸，無所不至者。非師友之過，迺父兄之無識也（〈士小節〉士典〔二〕，譯文引自原典）。

這位李德懋雖然也曾提過「教育孩童時不可過於嚴厲」、「小孩子必須要有耐心地慢慢認真教導」這類出色的原則論，但理論與實際情形之間果然還是有所不同，十分勞心費神。

現代因少子化，對小孩子的保護愈來愈重視，學校老師的權威也一落千丈，成了一個如果隨意體罰，就會被學生及家長提告的時代。

第二節　家族

所謂的韓國式家族

我過去曾任職的私立大學招收了從日本全國各地而來的學生。和這些年輕人聊天時，經常會碰到忽然給我一種「這個人好像韓國人」感覺的學生。進一步了解這類學生的各種資料之後，幾乎所有人都有著來自外地、上進意向強烈、家族紐帶深厚的背景，與祖父母之間關係密切的人也特別地多。即便現在的韓國人已經相當地多樣化，持個人主義的雅痞也愈來愈多，但整體來說韓國人在精神上並沒有喪失家族中心主義、上進意向強烈的共通點。所以我才會覺得「很相似」吧。

那麼韓國的家族特徵會是什麼呢？首先可以舉出來的是儒教的父系制度。這個制度有著極為嚴格的規範，男性（尤其是長男）由於要延續血脈、負責祭拜祖先，而成為整個家庭、家族、宗族的核心。他們非常忌諱讓外人的血統摻雜進父系血脈，所以根本不可能像日本一樣從毫無關係的人那裡收養子女來繼承家業，基本上只能挑選同宗同姓（姓氏籍貫相同）且輩分適合（也就是和自己小孩同一輩分）的人來做為養子（不過這種傳統是在朝鮮王朝儒教化之後才形成的）。最近韓國修改民法，對儒教的親族系統做了變更，但人們的意識並不會在法律修改之後就可以馬上跟著有所轉變的。

由於父系是一切的核心，夫妻的姓氏也各自不同，就算女性出嫁後也無法融入丈夫的血脈。傳統上女性的工作，首先就是生下男孩好延續丈夫的血脈，然後就是不僅要為活著的人，還要為死者（也就是祭祀對象的祖先）料理食物，讓這個家的肉體及靈魂都獲得生命力，這才是最重要的事情。

現代的家族肖像

因此，現代韓國的家族型式是什麼樣子的呢？現在我們來看看各式各樣的統計資料（資料

來源：〈韓國人的一生〉，《月刊朝鮮》二〇〇〇年一月號附錄）。

- 一九九八年的韓國人出生率是一點四八人（一九七〇年是四點五人）。
- 初產年齡是平均二十七點二歲（一九九八年）。
- 出生嬰兒的性別比率（每一百名女孩所對應的男孩數目），第一胎是一百零六，第二胎是一百零八點一，而第三胎的情況則是一百四十六（一九九八年）。第三胎在一九八九年到一九九五年之間的性別比高達一百八十至兩百零七。
- 小學生有百分之六十一不清楚父親的生日（一九九八年），有百分之六十三點三不知道外祖父母的姓名，百分之四十一點一不曉得祖父母的姓名（一九九六年）。
- 小朋友將來想從事的職業依序是老師（百分之二十七）、醫師（百分之十三）、藝人（百分之九）、新聞主播（百分之八）、運動選手（百分之八）、電腦程式設計師（百分之七）（一九九九年）。
- 幼稚園的小朋友有百分之七十六點八會上補習班（一九九九年），小學生有百分之四十八會在學校之外的地方學習英語（一九九七年）。
- 百分之五十五點六的國中生、百分之五十八點二的高中生不吃早餐（一九九九年）。
- 百分之八十一點九的青少年會尊敬父母（一九九八年）。
- 夫妻之中，太太比老公年紀還大的有百分之九點二，年齡一樣的有百分之十二點二，老公年紀比太太大的有百分之七十八點七（一九九八年）。

- 百分之四十五的父母親會同意自己的小孩與外國人結婚（一九九五年）。
- 平均初婚年齡是男性二十九歲、女性二十六點二歲（一九九八年）。
- 每一千人的人口之中，一年有二點六組的夫妻離婚（日本是一點八組，一九九九年）。
- 一個家庭的平均人數是三點三人（一九九五年。一九七五年是五人）。六人以上的家庭在一九七五年時占百分之四十點七，但一九九五年時減少到只有百分之五點五。

這些數字是有些過時的統計數字，在這之後的變化十分顯著，尤其是出生率持續下降，某段期間還降到一點二人，比日本還來得低（之後有稍為回升，二〇一一年時是一點二三人）。這種情況受到女性進入職場後的發展情形，以及家庭經濟負擔的沉重程度直接影響。小孩子的教育也是很個嚴肅的問題。老公打老婆的家庭暴力更是屢見不鮮。「沒辦法好好做人家媳婦的話，就連村子裡的狗都看不起妳」、「討厭媳婦的話，就嫌她腳後跟像雞蛋」，這類諺語中表現出來的傳統婆媳關係，也是女性逃避結婚的主要理由之一。

從「女生三日不打就成狐狸」、「牝雞司晨，國之將亡」這類諺語，就可以充分地看出傳統上韓國女性的地位，如果在現代還說這種話，沒有一位女性會願意跟你結婚的。時代已經完全不同了。

相親

最近在韓國的街道上，大大方方地黏在一起走路的年輕情侶分外醒目，真有種「戀愛至上主義」的時代感。

但是另一方面，也有人深信「在首爾某間飯店的咖啡廳相親的話，成功率很高」的「相親神話」，一次又一次地進行相親。最後，戀愛和相親，倒底哪邊占優勢呢？

據說韓國的「相親網路」自誇是地球上規模最大、功能最強的，如果說東邊有位能幹的大少爺，它就能將他和西邊才貌兼具的大小姐湊成一對。飯店的咖啡廳整天都因為有一群從事相親仲介的大嬸們在舉行被稱作是「Madam Talk」的「會議」而熱鬧非凡。

她們的武器就是讓CIA都大吃一驚的情報能力。

這種風土人情也因為近來的「戀愛」熱潮而有所改變，但會相親的人還是很多。雖然還遺留著戀愛（個人的感情）與婚姻（家庭的幸福）區分開來的意識，但這也算是「韓國式現代」的樣貌之一吧。

以任何事物都是歐美風格才叫做現代的想法來看應該會是滿腹疑問吧，但儘管並不是全都是個人主義，這也確實是現代化的一種型態沒有錯。

解構「家庭」這種概念的「戀愛力量」，今後也許會在韓國主導一切。

第三節 這點與日本不同

隱私

為什麼韓國人會問一堆個人隱私的問題呢？有很多日本人都抱持著這種疑惑。特別是女性經常會因為被初次見面的韓國人問到關於年齡、學歷、家族構成等事情而感覺到不舒服。她們認為這實在是太過於沒有禮貌了。

確實是這樣。韓國人即便是對初次見面的人也會想要接二連三地得到對方的私人資訊，因此毫無遮掩地詢問對方年齡（或者是生肖）、有沒有結婚、膝下有沒有小孩以及他的性別、學歷、職業、雙親的工作等，像連珠炮般地發問。

在傳統的韓國人際關係中，如果不清楚對方的年齡、社會地位、家族關係等資訊，就沒辦法圓滑地進行基本的交談，這是一種時代遺留下來的習慣。也就是說，沒能得知這些個人資訊的話，就會搞不懂該用怎樣的話語來應對對方才好，也不曉得自己與對方的上下次序關係是什麼樣子，如此一來就會被迫處在不安定的心理狀態之下來交談。

而且，在韓國社會中，如果自己和對方沒有「相同」部分可以當作連結點的話，雙方之間的關係就無法成立。因此才會有想從初次見面的對方身上，拚命找出和自己「相同」部分的這一面。

但是最近這種「刨根究柢型的交流模式」是不禮貌行為的意識，也在韓國社會之中滲透開來，尤其是對女性會特別地小心注意。儘管如此，在不清楚對方基本資訊的狀況下就要與陌生人打交道時的韓國人，那種不安的眼神都到了讓人覺得他們可憐的地步。

等待

韓國人來到日本之後會認為是奇景怪事的其中之一，就是知名拉麵店前居然有數十人排隊的畫面。為什麼吃碗拉麵要排隊成這樣呢？即使是鬧到發慌，韓國人也絕對不會排隊。

這種想法源於韓國人在傳統上對「店鋪」這類存在沒有絲毫敬意的個性。日本社會的情況是，有傳統、名聲好、販售知名產品的店家在社會上是屬於受尊敬的對象，但在韓國傳統上並沒有這種概念，「店鋪」被稱作「가게」（ga-ge），也就是「假家」，是比一般的「家」還要低上一階、兩階的存在。

還有另一個理由就是主體性的問題。

韓國社會從頭到尾都是以「自己」做為主體。他們會認為我是來這吃飯的，卻要讓我等你煮好是什麼意思？真是豈有此理的店家！所以，在韓國的餐館裡頭，會聽到「不能快點做好嗎」、「為什麼還沒好啊」這類催促的話語此起彼落，這樣一來這種會讓客人等候的店家就不會再有顧客上門了，就是因為「빨리빨리」（ppal-li-ppal-li，趕快趕快）的緣故。

像日本這樣，對老闆或廚師懷著敬意，懂得身為客人的分寸，因主客關係而建立起精神上的緊張感，並享受這種感覺的思想風氣，在韓國是極為稀薄的。主體終究還是身為客人的自己，認為端出料理的店家居於自己的下位。輕視「店鋪」這種概念的時代性格至今依然殘留著。

但要是認為韓國人無論何時都「討厭等候」就大錯特錯了。朋友之間的約會，會有所謂的「韓國時間」，遲到個十五分鐘或半個小時可是家常便飯的事情。如果讓人等這麼久，一般的日本人早就抓狂了，韓國人卻會是一副不痛不癢的模樣，悠閒地慢慢等下去。

如果是像朋友、熟人這類「我們」的對象就會等下去，但像店家那種「他人」的對象就不會等待，韓國人對這兩者之間的不同區分得很清楚。

男人味

「雖然日本的男性確實是很溫柔，但是好像沒有男人味……」會這樣說的韓國女性實在非常多。

理由是「韓國的話，會說『給老子過來！』的男性還滿多的。而日本男性會給女性可選擇的空間，就這一點來說真的是非常溫柔。但是和韓國的男性相比，日本男性因為優柔寡斷而有某種美中不足的感覺也是事實」。

韓流熱潮之後，上述這種觀念也開始在日本的女性之間流傳開來，女性週刊雜誌之類媒體也積極地撰寫相關的「驗證報導」。

儒教與軍隊。受到這兩者鍛鍊過的韓國男性是不可能「沒有男人味」的。相反地，儒教與徵兵制都沒有的日本男性也就不會是「有男人味」的。

在遵奉相對主義，對任何事物都很「溫柔」的日本社會中，想要主張某種價值觀特別優秀，是非常困難的事情。其結果就是日本年輕男性缺乏自信、弱不禁風的模樣十分明顯。

而且，韓國比日本更加強調兩性差異。可以說韓國社會具有特別強調男性「男人味」的傾向，而日本社會則是對女性要求「女人味」的傾向很強烈。

不過儘管韓國社會強調「男人味」，但這大體上是一種具有「讓座給老弱婦孺」的基礎人性之後的「男人味」。可不能認為提到儒教就只有男尊女卑的概念，其根基始終在於「人性」。日本的男性只在意外表，電車上不會讓座給老弱婦孺，這種人性是沒有吸引力的……很多韓國女性會這樣子想。

男兒落淚

韓流熱潮剛開始的時候，日本女性提出許多這類問題和疑惑：「韓國影劇中的男演員經常流下眼淚，但這在日本是不可能發生的事情，所以好有新鮮感。日常生活中的韓國男性也經常落淚嗎？」

有著「韓國的男性具有男人味」的印象，但在連續劇中卻忽然就哭了出來，這的確是會讓人覺得意外。

但是即便同樣是「男人味」的概念，所代表的內涵在日韓兩地卻不一樣。日本的情況中，雖然不是像某個廣告「男人就該安靜地喝XXX啤酒」[2]的感覺，但認為徹底地抹殺掉自己感情、沉默寡言的男性會具有「男人味」的傾向很濃厚。

韓國當然也有這類壓抑情感的美學觀念，但他們認為比起這種觀念，明顯地吐露感情、健談地引領人際關係的類型才是具有「男人味」的傾向更明顯。

這種傾向在民主化以後日益高漲。換言之，以「男人味」的類型來看，可以說日本是高倉健型，而韓國則是偏向石原裕次郎型。

在日常生活中，韓國人也是經常坦率地將自己的感情表達出來，不論是在街道上、店舖內，還是家庭中，都有很多大聲吶喊或落淚的男性而顯得十分熱鬧。

此外，關於「男人味」，日韓最大的差異在於對待母親的態度。在韓國，迷戀母親也完全不會有損於男人味。這種會被日本人認為「好噁心，你有戀母情結吧」的態度，韓國男性可是處之泰然。

然而重要的是，這些觀念全都是隨著歷史逐漸演變成現在的樣貌。

過去的日本是個更為男性中心主義的時代，換句話說，二次大戰之前，日本男性的男人味更重，但同時也經常落下男兒淚。日本帝國軍人威風凜凜的同時，也是一位會思念母親的愛哭

2 譯註：出自於札幌啤酒的電視廣告台詞。

鬼。伊斯蘭教的社會也是極端的男性中心社會，但他們的男性也是會思念母親而且經常掉下眼淚。

社會結構非男性中心的程度越嚴重，母親的地位也就越低落，男人在變得沒有男人味的同時，也停止了哭泣。

回禮

韓國人在與日本人交往時，會產生強烈的不協調感的其中之一就是「回禮」的行為。很多韓國人都認為日本人回贈禮物的速度實在太快了，並且認為這種行為太過於見外，有種感覺「他們該不會是想和自己斷絕往來吧」而疑神疑鬼。

譬如說，韓國人在沒有抱持著任何特別意涵的情況下，用「分享出去」的感覺將食物贈送給日本人，或者是多少蘊含著感謝的意思將禮物贈送出去。不管是哪一種情況，韓國人會認為，不須對這種行為回禮是正常的，當然也不會想要去回贈禮物，就連寫信表達感謝之意的這類表現，一般來說也不會去做。

不過要是日本人的情形，就會用一種「讓你久等了」的超快速度回贈禮物及信件，而韓國人則是會「這是怎麼一回事」地感到驚慌失措。難道送你這樣的禮物是不禮貌的嗎？所以才讓你這麼不高興，急急忙忙地回贈禮物嗎？要是喜歡這份禮物的話，也不用趕著回禮，只要下次碰面的時候稍為道謝一聲不就好了嗎？太快回禮反而會讓韓國人很受傷。

根據文化人類學者崔吉城教授的說法，韓國人贈答的特徵有以下幾點（伊藤亞人編，《了解朝鮮事典》，平凡社，二〇〇〇）。

- 晚輩對長輩單方面地進行，「交換」的觀念很薄弱。
- 在收到禮物的情況下，經過一段時間之後，反而會以另一種不同的形式回贈。
- 因此贈答與賄賂的意思相近。
- 贈送禮物給對方的時候，不會說出「請收下」之類的話，而是安靜地放下禮物。收到禮物的人也不會對此做出特別的問候。

在日本人贈送禮物給韓國人的場合中，由於韓國人不會說出道謝的話語，所以經常讓日本人感到不舒服。前些日子給的東西到底有沒有送到對方手上呢？雖然有些不安，但也沒聽到對方提過這件事，哎，到底是怎麼了呢？不過，在這種情況中的那位韓國人並不是不記得這件事情，他當然記得非常清楚。讓韓國人來說的話，逐一道謝進行回禮是非常見外、過於客套的事情，不過自己可是牢牢地記在心中。所以他們認為只要在漫長人生歲月中的某個時間點上，用完全不同的形式來報答就可以了。

而且，在韓國大家一起去吃飯的時候，由長輩負責所有費用是很普遍的事情，受到款待的晚輩也不會特意道謝寒暄。雖然他們有時也會說「잘먹었습니다」（jal-meo-geot-sseum-ni-da，

承蒙招待），但更多時候是不發一語。但另一方面，譬如說老師和學生一起去吃飯是由老師負責出錢的話，日後這位學生就會買瓶罐裝咖啡回送給老師。

總之就是與日本在「交換」的觀念上有著很大的落差。日本的情形是要讓每一次人際關係都以「一生僅此一次的形式」來做個了結並從中感受到美的意識。相較於會因借貸關係在渾渾噩噩之中累積起來而感覺骯髒的「潔癖」、「平等」型來說，韓國則是會在像是延續血脈一般，在很長的一段時間內都會互助合作的情況中感受到美的意識，可以說是一種「累積」、「垂直」的類型。

不過，日本的形式也是隨著歷史而轉變形成的，韓國的年輕一輩也是一直在用比老一輩的人更為輕鬆的方式來表達謝意。

而且這也談不上哪邊的文化更為優秀的問題。在日本有很多人會用教訓的口吻四處宣揚：「日本的回禮作法用人類觀點的水平來看是短視近利的，像韓國那樣長時間的人際關係才是比較優秀的作法。」但是這種評斷方式是錯誤的。重要的不是哪邊更為優秀，而應該要以文化類型來看，感受到了哪種美的意識的問題。用自己的審美觀來要求別人是大錯特錯的。

第七章

韓國人的社會

「為什麼？」「為什麼？」的韓國社會

日本的報紙上曾經刊登了以下內容的專欄文章，標題是〈幸福的手錶〉。

賓士、BMW、凌志，然後有時是寶獅。街道上奔馳的車輛將近一半是外國車種。韓國首爾的下午兩點，在全新的商業區、富裕階層的江南區。

雖然韓國處於不景氣之中，但街道上還是充滿活力。外國車種愈來愈多，不動產的價格愈變愈高，貧富差距不停地拉開，而人們的欲望也持續地放大。

在這樣的韓國，最近重視生活「品質」的動向很興盛。比起物質上的富裕更想擁有精神上充實這種西方的「well-being」運動也傳進了韓國，出現了大量的「well-being族」。透過瑜珈之類的運動來維持心靈與肉體之間的和諧，用有機農產品製成「Slow Food」並且享受運動來提高人生的幸福程度。

首爾的每個角落都蓋起了「well-being餐廳」。在裡頭可以搭配別具雅致的擺設及餐具享用韓國傳統的鄉土料理。這當然一定是美味無比，走著低調風格的店面內洋溢著朝鮮風情。

離開朝鮮味增散發出的香氣後走出店面，忽然想起剛剛拿手錶錶帶送修的事情。帶著手錶走去郊區的修理店，師傅把壞掉的皮革錶帶換成了金屬製的。這是一家連店面都沒有，只在街道上擺出寬度一公尺左右的玻璃櫃就做起生意來的修理店。在迷宮般的市場陰暗小徑中，他等待著我的到來。

那位窮苦的瘦小男性以迅雷不及掩耳的速度替我更換舊錶帶，手法近乎藝術。我的手錶受到了很慎重的對待，還灌注了他身為工匠的驕傲，用一塊粗糙的布使勁地擦拭。擺著一副卡夫卡表情，沉默寡言的修理師傅好像和外國車以及well-being完全扯不上關係。真是極度輕視工匠的韓國。雖然隱身於這處郊區的市場，但這位男性的工作卻是熠熠生輝。而且我和手錶都覺得很幸福（《每日新聞》晚報，二〇〇五年八月九日）。

看過這篇專欄文章的讀者寫了封大意如下的信件給我：

我自己也曾在韓國讓人修理過皮鞋。那個擦皮鞋的男子真的是非常迅速地就把鞋子修好了，而且更讓我驚訝的事情是，他居然用手沾著鞋油很仔細地擦著皮鞋，自己的皮鞋真的是太幸福了，不過為什麼在有這種人存在的韓國會輕視工匠呢？

這位讀者已經確確實實地落入了對韓國社會發出「為什麼？」的迴圈之中了。

韓國社會和日本社會十分相似，但也是有很多地方差異懸殊。一旦開始注意到雙方的不同之後，腦海裡頭就會時時刻刻都是「為什麼韓國是這樣的呢？」「為什麼？」「是什麼緣故呢？」這類揮之不去的疑惑。

第一節 當前政治情勢

所謂「通行」的概念

韓國社會是個每五年就會重生一次的生命體。每五年一次，在二月二十五日就會有新生命誕生，而這個生命體無論是喜是悲，在五年後都會走到盡頭。會這樣說，是因為總統任期為五年（不得連任），總統選舉是在每隔五年的十二月中旬，隔年的二月二十五日上任。

而韓國社會就是一個巨大的劇場。在「韓國」這個舞台上，上演著以總統為中心，令人眼花撩亂的壯觀政治大戲。

不過，年輕人已經對這種老舊政治家待在密室中主導的老掉牙戲碼感到厭煩，因而主張要更加地活用國民的力量，「一起」參與政治。

在這種情況下，二〇〇三年二月開始運作的盧武鉉政權提出了「參與」，日語的話就是「參加」的概念。

說到「參與」、「參加」是指什麼呢？簡單來說就是「通行」的概念，這也是韓國現在的「時代精神」。

盧武鉉總統認為小泉純一郎首相、小布希總統、金正日總書記都是「交談過後便能暢行無阻」的對象。有理便能行遍天下，盧武鉉具有這種堅定的樂觀信念。

與此同時，三八六世代、二〇三〇世代（比三八六世代還要年輕，此時二十多歲、三十多歲的人們）則是認為「只要有網路，世界就是無遠弗屆的」。他們堅決樂觀地相信，只要透過網路這項武器，就能將自己的意見及希望，傳達至全世界任何一個角落。

也就是說，「通行」這個概念不僅是盧武鉉政權的概念，也是韓國年輕世代的信念，更是二〇〇〇年代韓國的時代精神。而且還把「通言路」看成是至高無上的價值，這是一種儒教士大夫精神本質的體現。

可是盧武鉉政權所面臨到的現實狀況非常險惡，各式各樣的阻礙橫在他眼前。「有理便能行遍天下」的儒教道德主義是否能「通行」於外來勢力？成了這個政權的問題核心。因為外頭有著以「無法通行」做為信念的勢力環伺以待。

「通行」與「無法通行」展開了彼此間嚴重的互相對立。盧武鉉政權如果來到了要捨棄「通行」信念的時候，也就是該政權宣告失敗的時候。但是這項信念並沒有遭到拋棄，而是貫徹初衷直到最後，盧武鉉在總統任期結束後，彷彿是要向國民傾訴些什麼似的，選擇了自我了斷的道路。

常綠樹的盧武鉉政權

盧武鉉政權的本質是理想主義，也就是門外漢主義。從政權理念的建構階段開始就大量起用年輕學者。學者這種人雖然在理念層面上十分優秀，但關於實際的政治運作以及行政業務終究是門外漢。

韓國在傳統上原本就是外行人勢力很強的社會，這也是儒教的傳統。這是因為在儒教社會中，科舉官僚的理想是「君子不器」。換言之，不是要成為「器／專家」，而是成為「不器／全然的門外漢／通才」。這就是一種比起身為技術官僚的專家（中人）[1]，作為門外漢的兩班、書生反而來得更加受尊崇的世界觀。要解決現實中錯綜複雜的各項問題，不是依靠專業的小技倆，而是普遍性的道德。這就是這種門外漢主義的本質。

這種道德性的門外漢主義，以及對「通行」的信念，將這些綜合起來看，可以將盧武鉉政權定義成是一個「儒教精神的政權」。

能夠充分表達這種政權性格的，就是二〇〇三年二月的總統就任儀式上演唱的歌曲〈常綠樹〉。這是一首象徵民主化運動的歌曲，也是盧武鉉總統喜歡的歌曲。

這首歌的內容就是《論語．子罕》的「歲寒，然後知松柏之後凋也」以及《孟子．公孫丑上》的「雖千萬人，吾往矣！」。

這首歌被傳唱的時期就是七〇年代、八〇年代，當時的韓國學生運動有著一種儒教的精神，這種精神延續至今。正義能戰勝一切，不管有多麼地艱難、多麼地痛苦，我們總是能以青

---

1 譯註：「中人」的地位次於兩班但在常民之上，是朝鮮王朝裡的技術官僚，負責實際日常運作，但他們不能過問政治或擔任要職。

翠的生命力朝著正確的道路邁進……就是這樣的精神。於是繼承這種精神正統的盧武鉉政權，我們稱之為「常綠樹」。

第二節 了解社會的關鍵——兩班

首先應該了解「兩班」

想要了解韓國社會，就應該了解儒教以及其體現者「兩班」。

兩班是指在高麗、朝鮮王朝時代的「偉大人物」。為什麼無法避免使用這種曖昧不明的說法，是因為兩班究竟是什麼的明確定義並不存在。儘管如此，或者說就是因為如此，兩班這個名詞在了解韓國上仍然是最為重要的關鍵之一。

兩班原本是東班（文官）與西班（武官）的總稱，指的是通過「科舉」這種官吏要員錄用考試的人。話雖如此，但由於武官飽受輕視，所以後來就成了專指受過儒學教養的文官或士大夫的稱呼。棘手的是，即便本人沒有參加過科舉，但從祖上通過科舉者算起，接下來的三代都會被視作是兩班階級，特別是那些居住在地方上的兩班（被稱作鄉班、土班），不管他們是否親自通過科舉考試，都能保有兩班的面子及威嚴。因此，兩班給人一種世襲階級般的印象。但嚴格來說，兩班並不是世襲制，所以稱不上是貴族，也就當然與日本的武士有所不同。

身為這類顯貴階級的兩班在韓國會如此重要，是因為他們掌控了朝鮮王朝時代的政治，而且他們也作為儒教文化的推手，一手包辦了王朝文化的形成。此外，在朝鮮王朝垮台後，人們的上進意向採取了「兩班化」的形式，也就是說，因為保有權力、財富及道德且具有儒教文化的兩班被當成是社會的「上位者」，所以現代時期的平民也就朝著「成為兩班」的目標努力提升地位。

「傳統上，兩班被要求的是終極的無能狀態」（Isabella Lucy Bird著，時岡敬子譯，《朝鮮紀行》，講談社學術文庫，一九九八）。朴趾源（一七三七－一八〇五年）的小說《兩班傳》也將兩班描寫成徹底的矯揉造作且無所作為的象徵，在現代的電視喜劇節目中，兩班就是以像日本的「笨蛋殿下」那樣無能且好色的存在轉化之後登場。雖然有時會成為這類揶揄及批判的對象，但還是可以認為韓國人的內心直至今日仍連綿不斷地承繼了兩班的這種規範。關於兩班的具體性格，尹學準《火炕夜話》（中央公論社，一九八三）絕對值得一讀。

兩班與武士

兩班（士大夫／讀書人）與日本的武士在性格上有著顯著的差異。不管是士大夫還是武士都使用了「士」這個字，但從儒教的角度來說，「武」與「士」的結合讓人有種非常詭異的印象。江戶時代擔任朝鮮通信使的一員而來到日本的申維翰（一六八一－不詳）曾說「日本的身分制度不是『士農工商』，而是『兵農工商』」，這或許就是儒教的常識吧。

提到兩班與武士之間的差異可是沒完沒了，而其中最大的不同就是，武士基本上是封建領主的「家臣」，但相對於此，兩班則是王（普遍的存在）的臣下，作為某位特定人士（個別的存在）之「家臣」的意識十分少見。

我認為這一點也對兩國的現代化帶來了影響。也就是說，日本的情形是在名為「公司」的個別共同體內，每一個職員都是以「社長」這種封建領主的「家臣」身分來工作；韓國的情形則是作為公司或社長這類個別存在之「家臣」的意識很薄弱，因此比較會不講情面地就跳槽，比起「公司」（個別的存在），效忠對象是「國家」（普遍的存在）的傾向很強烈。

據說總經理這種東西在韓國滿街都是。會像這樣獨立意識強烈，相較於把重心放在成為某人的家臣並食其俸祿，還不如放在成為獨立的權力主體，在普遍的公共領域中力求上進，可能就是因為傳統的兩班性質。

儒教的滲透

能夠體現出兩班性質的就是儒教的教誨。

朝鮮王朝從一三九一年到一九一〇年為止，延續了五百年以上。由於是非常漫長的朝代，所以能使儒教在這段期間滲透進社會的底層。在此之前的高麗王朝是佛教國家，所以朝鮮王朝剛成立時，仍然屬於佛教國家的性質，在耗費了五百年當中一半以上的時間之後，才漸漸地儒教化。而朝鮮王朝完全成為儒教社會，則是在王朝後期的事情，真的是花費了非常長的一段時間，差不多就是日本整個江戶時代的程度。

要透過什麼樣的政策才會轉型成為儒教社會呢？以社會體系來說，譬如長子繼承制，就是嫡長子繼承所有財產的制度，要到朝鮮王朝相當後期才固定了下來。雖然現代韓國人也認為，在改朝換代成為朝鮮王朝的那一瞬間後，國家就從佛教社會轉換成儒教社會，但事實完全不是這樣。整個社會要儒教化，在改造上可是耗費了一段很可觀的時間。

然而，兩班抱著族譜這種家系圖，以統治階級的身分君臨朝鮮，這些人透過長子繼承制將財產及知識遺產代代延續下去，這種體系要等到朝鮮王朝後期才建立成功。

在此之後，基本上都能一直將儒教的家族制度及社會體系維持下去，而朝鮮王朝於一九一〇年瓦解成為日本的殖民地。不過成為殖民地之後，日本實質上並沒有解散兩班階級。

這種情況直到一九四八年南方成立大韓民國，北方成立朝鮮民主主義人民共和國之後，才出現了壓倒性的轉變。南邊的韓國由於殖民地時代的階層大致上都遺留了下來，所以兩班的精神就這樣殘留在社會之中。北朝鮮因為共產主義革命的緣故，對整個社會進行了徹底的改造，在資本主義社會、封建社會、殖民地時代時，高居於社會上層的人一個接著一個遭到處刑。列入整肅對象的有地主、資本家、親日分子，還有前兩班階級。

韓國並沒有進行這種肅清行為。王朝時代及殖民地時代的知識分子、地主、技術官僚們都原封不動地保存了下來。而對此進行反省的表現之一就是《親日行為糾明法》，這項法律於二〇〇四年在韓國國會上立法通過。

第三節　上進意向

「韓國夢」的實踐者

韓國社會是上進意向劇烈激盪的社會。

當台灣民進黨的陳水扁當選總統時，有人說「身為一位只要有才能、肯努力，就什麼事情都辦得到的『台灣夢』體現者，陳水扁擁有眾多狂熱的年輕支持者」（《朝日新聞》二〇〇〇年三月十九日）。在貧農父親膝下出生，「幾乎是從零出發」（陳水扁自述），刻苦勵學，後來以第一名從最高學府畢業，再從律師搖身一變成為政治家的陳水扁，確實就是夢想的體現者。

看看韓國的政治歷史，這類夢想體現者也為數眾多。朴正熙（一九一七—一九七九年）雖然出身極為貧困，但是讀過日本的陸軍軍官學校，後來還當上了總統。全斗煥（一九三一—）還有盧泰愚（一九三二—）都是出生於貧苦農家，在刻苦勤學、接受高等教育後攀登上社會頂點的情況也都是相同的。不過這些軍人出身的總統在日本的形象相當不好，或許不符合「夢想」這種玫瑰色的印象。的確，韓國也對這些總統的負面部分給予強烈的批判指責，特別是朴正熙及全斗煥因為是靠著欠缺正當性的軍事政變來奪取大權，所以使他們與「夢想」的形象來得更加遙遠。

然而在另一方面，在韓國人之中，也有很多人將這三位軍人出身的總統當成是人生最高峰，被這所謂的「上進夢想」所深深吸引，這也是事實。

「我決定結婚對象要是軍人」，實際上在八〇年代的韓國，經常會有女性這樣說。當問到「為什麼」之後，她們會超級認真地回答你說：「因為將來想當第一夫人。」這就證明了當時的時代氛圍，仍然有很多人認為，軍人這種職業是通向總統寶座最快捷的途徑（八〇年代一結束，馬上醒悟過來的女性當中就有人發表了這類言論：「我要跟科學家結婚而不是軍人。從現在起科學家之中有人會成為總統。」）。

後來出現的是金泳三、金大中的「文民政權」時代，這個夢想排除了「軍人」、「軍事」的負面成分，而成為了純粹的概念（不過，以「夢想」的形象來說，這兩位當上總統時的年紀實在是過於蒼老。以足歲計算，朴正熙當上總統時是四十六歲、全斗煥是四十九歲、盧泰愚是五十五歲、金泳三是六十五歲、金大中是七十二歲，呈現出愈來愈老的趨勢）。於是，等到畢業於商業高職，後來成為律師、國會議員，一路登上總統大位的盧武鉉總統時，「韓國夢」也達到了最高峰。

現在想想，在過去的日本，這樣的夢想也不是什麼多稀奇的事情。也是有出身赤貧最後當上首相這種白手起家的人。不用說，由於他們不是國民直接投票選出來的，所以就「夢想成真」的意義來看，在戲劇化且帶有衝擊性的印象上稍顯遜色。不過，和富二代、富三代密密麻麻地在社會上的每一個角落築巢盤踞的現況是不一樣的。

門——禁止的力量

那麼，韓國人的上進意向很強烈，而且實際上也有人實現了「韓國夢」，但要是認為韓國是一個普遍覆蓋、流通著平等意識的社會，那就大錯特錯了。實際上的狀況正好相反，它依然是一個非常嚴重階序化、差別待遇的社會。正因為如此，上進意向才會變得如此地強烈。

卡夫卡有篇短篇小說叫做〈法律門前〉。法院大門前有警衛駐守著，從鄉下來的男子想要進門卻遭到警衛阻止。男子為了要進入大門，使用了各種手段，但結局是直到死去為止都還被擋在大門之外。

這篇小說讓我有種像是韓國社會寓言的感覺，某位韓國社會學家一語道破：「在우리나라（我國）最有力量的是문지기（mun-ji-gi，警衛）。」連續劇《大長今》中也有這類場景。在濟州島想要取得不含鹽分的純淨淡水是件很困難的事情，會湧出淡水的水井受到官府管轄，一般人是無法取用的。這時，為了煎藥醫治平民之子的長今便上門求取淡水。不過負責看守水井的官員卻說：「這可不是非兩班階級的普通人家小孩可以飲用的水，你以為你是什麼人啊！」就把長今趕走了……這就是在韓國社會經常可以見到的「警衛」模樣。社會上到處都築有「高牆」，就是為了要保障高牆內部排他性領域的安全，而這就是警衛的工作。

從生活在「情」相互交流的水平性世界的部分來看，韓國的確是一個非常容易生存下去的社會，但是一旦想要「提升」到「高牆」另一頭的垂直性世界，就會屈服在「高牆」的高度、「大門」的堅固程度以及「警衛」不講理的態度之下。不過，為了在這個社會上被視為能夠獨當一面的人來對待，就必須讓自己上昇到「大門」另一頭的世界。所以人們都是拚了老命地努力不懈。反過來看看日本社會，個人即便沒做出什麼了不起的努力，也能被視為獨當一面者，大部分的韓國人都會感到非常驚訝。

韓國警衛的權力十分巨大，可以要脅、威逼前來拜訪的人，偶爾會索取金錢，有時則會趁機抱怨自己的工作有多麼地辛苦，還說可以的話想要丟下這種警衛的工作，跑去盡情享受釣魚的樂趣。

「這是個多麼讓人討厭的傢伙啊！」雖然心中是這樣想，但到頭來，韓國人一輩子都必須和這扇「大門」以及「警衛」打交道。這可以說是種殘酷的人生，但也可以說是目標明確，值得努力的社會。

話說，提到「大門」的話，首爾有著大大小小、數量眾多的門，這是因為首爾過去是一個城廓都市。在這許多門當中，有名的就屬南大門以及東大門，也有西大門，而北大門原本就不存在，但有被稱作是肅靖門的北門。不過由於讓此門通行就會從北方（清國）吹來淫亂之風，所以都是緊閉不開的。最近新聞報導說有再度打開這扇大門的計畫。

在朝鮮王朝時期，僧侶不被允許通過漢城（首爾）的大門。根據排斥佛教的意識型態，僧侶和白丁[2]、妓生、奴婢、薩滿巫師這類人都被當成是賤民，被禁止進入漢城之內。

2 譯註：朝鮮王朝時代，「白丁」指的是賤民以上、常民以下的階級，主要從事屠宰、肉食、柳器匠、劊子手等行業。

這項禁令是在一八九五年解除的，而這件事情與日本有關。朝鮮開港之後，日本佛教的淨土真宗大谷派以及日蓮宗馬上來到朝鮮半島，而日籍僧侶是可以自由進出漢城的。因此日蓮宗僧侶佐野前勵（日菅）便向金弘集總理大臣提出，讓朝鮮僧侶也能自由入城的請願，所以高宗才解除了入城禁令。在這之後，一八九八年又再度頒布入城禁令，但因沒能實際執行而不了了之，於是韓國的僧侶也就能自由地在漢城城內傳教了。

勉強——性善哲學的結晶

韓語中沒有「勉強」（日語）這個詞彙，但「工夫」這個字就是「勉強」的意思。即使「勉強」這個漢字直接用韓語念成「명간」（myong-gan），意思上也不通。

中文裡頭有「勉強」這個詞彙，但這指的是「無理強迫」或是「雖然不得已」之類的意思，與日語中的意思完全不同。有位中國人曾這樣說：「中文的『勉強』本來就是具有否定意涵的語彙。將這個詞彙當成是『用功學習』來使用的日本人真的很奇怪。不是打從一開始就要幹勁十足的嗎？又不是在說『不要認真』。」

用中國的人角度來看的話，大概就會這樣覺得吧。不過這個詞彙原本在中國並不是否定的意思。

原為《禮記》中的一篇，《中庸》的第二十章中出現了「勉強」這個詞彙。這段文字是對人類可能性至高無上的讚美：「或生而知之，或學而知之，或困而知之，及其知之，一也。或安而行之，或利而行之，或勉強而行之，及其成功，一也。」

人類全都可以達到道德上的完美境界。有生來就知道這個道理的人，也有學習過後才知道的人，也有擺脫困境之後才第一次知道的人。但是不管過程如何，大家知道的道理都是一樣的。又，有的人非常自然地就實踐了這個道理，有的人等到相信這是正確的事情後才去實踐，還有的人是費盡心力（勉強）才實踐了這個道理。但是不管過程如何，大家實踐的道理都是一樣的。

也就是說，這和與生俱來的能力沒有關係，不管什麼樣的人，在努力過後一定都能體會並實踐道理。這段雄壯宏偉的人類頌歌就是使用「勉強」這個詞彙來做為關鍵字。我很喜歡《中庸》裡頭「勉強」的這個詞彙，而且認為將「勉強」這種大規模的性善概念，以「學習」的意義來使用的日本人是很偉大的。不過令人遺憾的是，現在能夠從這個詞彙裡頭感受到這種崇高哲學的日本人少之又少。

不如說韓語的「工夫」更能充分地表現出這種樂觀的世界觀。

日本打造出靠著「勉強」就能提升身分地位的社會後，最多只經過了一百數十年的時間，所以現在仍舊不懂得尊敬拚命努力的人，他們反而像是封建社會下被輕視、冷眼相待以及怨恨的對象。

韓國不是日本這樣的封建社會，因為他們是實行科舉制度的儒教王朝社會，所以對「工夫」的信仰超過了一切，當然想不到會有人輕視那些下「工夫」的人。

第四節　媒體

整合國民的工具——電視

韓國連續劇的有趣之處，最近就連在日本也終於被大家廣泛地認識到，不光只是連續劇，一般來說韓國的電視節目都很有趣。雖然說是「有趣」，但決不是吉本興業那種「搞笑」的意思，而是更為原始意涵上的有趣之處。

首先，韓國的電視節目就是以「我們居住的這個社會是在矛盾上形成的」做為前提而開始進行製作。所以不管是連續劇、紀錄片還是新聞報導，很多都是以互相對立的結構來描繪的，讓大家看到各式各樣的社會矛盾並鼓勵大家一起來解決的立場十分明確。所以國民會激動地坐在電視機前面，他們是為了要知道「這個社會到底是怎麼了！」而看電視。

電視並不單純只是一台提供娛樂效果的箱子。雖然有著整體架構過於簡略的缺點，但的確能看見世界的動態。

在韓國的電視節目上，會頻繁地播放「讓世界變得更好運動」般的內容，也有很多「電視台發起的社會運動」。它們的背景裡頭也隱藏著電視台的生存策略。在儒教或基督教道德意識強烈的韓國，播放無聊節目的電視台一直以來都飽受批評，即使是獨裁者還掌握政權的時代，也持續地譴責向權力屈服、隱藏真相的情形。

因此電視台這邊也為了表現出「我們也是具有道德性」的這一點，經常播放各式各樣的新聞報導節目、愛國運動以及公共道德運動。這些汲取了多樣化的要素，而不單純只是道德運動的節目製作變得很多。

韓國社會本身就是一個大熔爐。這鼎熔爐裡頭，國民異口同聲、直言不諱地爭吵說：「現在的韓國社會有哪裡不好，哪裡必須得改善。」當中有媒體、電視、連續劇、紀錄片，還有新聞報導。全體國民看著同一家電視台的節目，有時哭泣、有時發怒。這種「國民的一體感」就存在於電視之中。

我認為媒體是一種觀察入微的文化。朝鮮王朝時代時，半農半士，也就是一邊耕耘田地，一邊學習儒教教誨的人很多，這些人在農閒之餘也會一起討論天下國家大事。這種傳統仍舊存在於韓國的媒體之中。

回過頭來看日本，一九七〇年代以後，市場上「segmentation」（市場區隔）的概念完全支配了電視界。現在已經只有NHK偶爾會製作出對象是一般「國民」的節目。

作為時代思想的網際網路

一種縱斷前現代、現代及後現代的媒體。

這就是韓國網際網路的角色。這與幾乎完全就只有披上後現代武裝的日本網路，在社會上的定位完全不同。

日本的情況，在一九七〇年代末期開始的後現代潮流中，扮演主要角色的媒體是雜誌及電視。在這之後經歷過長達二十年之久的後現代化時期，在網際網路登場的二十世紀末，日本形式的後現代概念已經來到了成熟期。這表示日本的網際網路與前現代及現代的價值幾乎扯不上關係。同時很遺憾地，這也代表了日本的網際網路並不是在後現代概念對現代造成衝擊並合流之際登場的，因此在社會上並不具備革命性的爆發力。換句話說，網際網路「價值」的那一面幾乎遭到了忽視，而注意力只著重於「技術」層次的傾向非常強烈。當然，在日本也有人討論「作為思想的網際網路」，但這項議題並不具有七〇年代後現代思想登場時那樣劃時代的華麗色彩。日本網際網路的「圓熟感」就是淵源於此。

相較於此，韓國的網際網路就是帶著革命性的價值在社會上登場。九〇年代中葉之前的韓國社會，正處於儒教前現代的穩固基礎上，粗暴地進行「民主化」這項尚未大功告成的現代計畫。雖然作為時尚潮流的後現代概念終於像是不合時節的花朵般地開始在街道上出現，但負責推動的媒體卻十分弱小。韓國雜誌產業的發展比日本來得慢上許多，處於就連好好地區隔市場都辦不到的狀態之下。而且電視台受到政權及宗教團體非常嚴格的審查，實際上是無法製作出不符合「儒教（前現代）＋民族國家（現代）」價值的節目。

在這情況下首先出現的是電影這種傳播媒體。九〇年代中葉以前，韓國「本土電影」的實力不夠，上映的經常是好萊塢以及香港的電影。特別是莎朗．史東（Sharon Stone）主演的《Basic Instinct》以《原始本能》這種赤裸裸的標題宣傳的時候（台譯：第六感追緝令，一九九二），年輕人像是得到急性傳染病般的反應，實在是駭人聽聞（順帶一提，日本的譯名是《冰冷的微笑》）。比起電影的內容，這種標題完全符合了當時的時代精神。「欲望」正是當時韓國社會的關鍵字。我過去是首爾大學研究東方哲學的研究生，左派的教授及學生對「欲望」這個字的反應十分敏感，但他們卻貪婪地閱覽明代陽明學中的左派（欲望肯定派）泰州學派的相關文獻，這讓我感到非常訝異。在不久之前，他們都還是致力於民主化遊行運動的三八六世代。從他們過去閱讀的內容來看，不是馬克思主義相關書籍，就是生硬的朱子學律己主義文獻，陽明學仍然被視作是異端。

巨大的變化向社會席捲而來。王家衛導演手下帶有剎那之間世界觀的電影，也得到了群眾狂熱地歡迎。

大型書店中開始陳列德希達（Jacques Derrida）、傅柯（Michel Foucault）、德勒茲（Gilles Louis René Deleuze）的翻譯書籍。九〇年代前半以前，他們完全沒有接觸過法國的現代思潮。在哲學系裡頭，左派學生囫圇吞棗地閱讀馬克思主義及朱子學；中立學生就時髦地閱讀哈伯馬斯（Jürgen Habermas）及羅爾斯（John Rawls）的著作；右派學生則是從超然及邏輯實證主義下手。

在這種時代精神之中，忽然出現的就是網際網路。

從報紙到網際網路

在前現代、現代及後現代概念互相暴力傾軋的同時，韓國社會飛快地度過了九〇年代。

韓國報紙是以建構民族國家以及強化民族主義為己任的現代媒體，經常保持滿是儒教士大夫口中「通言路」這份氣魄的前現代心理特質。「記者」們的菁英意識以及作為社會上「評論家」的地位，日本記者根本無法與他們相提並論。他們是一群自認為是社會領導者，滿懷著改變社會的使命感，還拿著高額薪水的「記者」。從「記者」搖身一變成為政治家的人為數眾多。

韓國的網際網路會比日本發揮出還要濃烈的現代性，是因為網際網路打從一開始就具備了企圖取代報紙媒體角色的性質。據說最近的年輕韓國人變得幾乎不會買傳統報紙來看，都是從網際網路或是車站提供的免費報紙上取得資訊，這類年輕人占有壓倒性的多數。網路並不只是單純發揮了提供資訊的作用，也成為大家激烈討論「韓國」這個民族國家將來應該何去何從的場域。

典型的網頁就是《Ohmy News》、《Pressian》這類市民新聞網站。給予市民大量採訪、表達意見機會的這些新聞網站，一瞬間就普及開來並發揮出影響力。

除此之外，新聞報導上的署名一定會標明記者的電子信箱並且答覆讀者反應的方式，在韓國也從很久之前就實施了，而讀者對網路版的新聞報導表達意見的活躍程度，也是非常地熱烈。

「市民」是九〇年代末期之後，韓國社會上的關鍵字之一。這股「市民」的力量打造出了盧武鉉總統（二〇〇二年十二月當選），當時扮演核心角色的媒體就是網際網路。在韓國，這個時期的執政黨是進步的ＩＴ黨，這一點與日本完全不同。

《Ohmy News》的負責人吳連鎬在電視台的專訪中，發表了「之前的韓國，保守與進步是八比二，必須把這個比例拉近成五比五」的明確看法。無論是既有的媒體，還是市民媒體都不能提出「不偏不黨」這種空談的說法。旗幟鮮明地提出特定的政治目標，才是此地媒體的任務。

在這種情況的背後有著對《朝鮮日報》所代表的既存保守媒體的巨大不信任感。特別是在透過「陽光政策」、「三八六世代」及「全教組」（像是日本日教組的教職員組織）來裝飾自己的金大中政權（一九九八—二〇〇三）以後，提出了從前的新聞權力過於右傾的猛烈批判言論，讓在此之前自豪於自身強大權力的新聞媒體出現了迅速凋零的傾向。

盧武鉉政權進一步地發動攻勢，創制了新聞法，以限制重要新聞市場占有率的形式，弱化既存新聞媒體的發言力道，並明確地表示支持新興網路媒體的姿態。圍繞這項方針，由政府主導的言論壓制政策引起了很大的論戰。

從上述的文章脈絡中，可以看出韓國的「網路言論」就是現代媒體的化身。

而日本與之相比，既有的新聞媒體仍維持著他們應有的權威以及銷售數量，因與政權、特定理念掛勾或密切來往而導致喪失信譽的狀況，也尚未到情節重大的地步。也就是說，由於日本的新聞媒體比韓國來得安穩的緣故，所以「從報紙新聞到網路新聞」的轉移過程中，並沒有到達要以戲劇化的變動來加以推展的程度。

從雜誌到網際網路

另一方面，九〇年代的韓國是一個急速後現代化的時代。

不過就像前面提過的那樣，韓國當時有著雜誌媒體與先進國家相比並不發達的背景。與先進國家主要是由雜誌媒體推動社會走向後現代化的情形不同，就在韓國的雜誌媒體即將變得多樣化、百花齊放的時期，網際網路驟然登場並且就這樣地搶走了雜誌的角色。

雜誌性、過於雜誌性的感性，在日本戰後很長的一段時間內，特別是七〇年代以後，形成了厚實的閱讀人口。但是在韓國的八〇年代之前，男性會訂閱的雜誌是以《新東亞》、《月刊朝鮮》這類綜合性的輿論雜誌為中心，女性則是以訂閱《主婦生活》、《女性東亞》這類綜合性生活雜誌占絕大多數。男性時尚雜誌幾乎不存在，女性雜誌也沒有依照年齡層以及生活形式來做精細的市場區隔。大體而言，以「全體國民」為銷售對象的雜誌，在雜誌市場中形成一種不可動搖的存在。

進入九〇年代之後，「年輕族群」這種消費階層突然出現，並且隨著市場區隔化概念迅速地深入社會，雜誌界也開始瞧見變化的徵兆。出現了一群不是以「全體國民」、「韓國人」為基準，而是以「生活型式」來區隔的人們，各式各樣領域的雜誌紛紛創刊發行。正好在這個時期，廣告業者也不再向「一般國民」傳遞訊息，針對市場區隔化後的階層——特別是年輕族群，「Slice of Life」的這種創意手法因此流行了起來。像是與此互相呼應一般地，雜誌也來到了黃金時期。

不過在這時候出現的競爭者是網際網路。由於對特定目標發出訊息時的成本較低以及不需要熟練技術的特性，網際網路成了最適合市場區隔化訊息的媒體。與此相比，在雜誌王國的日本，由於雜誌製作技術已經高度發展，使雜誌沒辦法這麼容易就轉移至網際網路上。因為在內容、技術層次這兩部分，日本的雜誌都具有網路環境難以輕易達成的高水準品質，所以「從雜誌到網路」的轉移並沒有戲劇化的進展。

電視與網際網路

韓國的電視是一邊在現代與後現代之間擺盪，一邊得到國民無與倫比支持的媒體。由於有資本及執照上的問題，完全不會發生網際網路取代電視的事態。不如說，和平共存的網際網路與電視，也是韓國社會中特別受到年輕族群支持的兩大媒體，他們呈現出一種各據一端且相互拉抬的樣貌。

譬如說，在無線電視上放映過的連續劇會在網際網路上進行二次流通，這種方法在韓國相當普及而且行之久遠；此外，連續劇中出現過的商品被放在網際網路上販售，也不是什麼新鮮事。二〇〇五年試圖併購富士電視台的活力門公司崛江貴文社長提出了「電視與網際網路融合」的口號。他心裡想的是「與電視節目連動的商品銷售」、「運用觀眾的聲音來製作連續劇劇本」、「電視廣告與網路廣告的連動」，以及連續劇剛在電視上播放結束，就馬上依照觀眾需求放上網路流通等（《朝日新聞》二〇〇五年三月二十一日）。這些想法在韓國全部都是老早之前就已經普及化的事情。

前現代、現代、後現代

在韓國，網際網路會像這樣迅速地成長成為主要媒體，有著各種重要因素。

在儒教社會中作為統治階級的士大夫，與日本的武士統治階級很不一樣，士大夫是一群靠著言論而非武力來建立社會地位的人。因此，一旦遇到「言路閉塞的狀況」，打從王朝時代就會進行激烈的示威遊行，試圖打破這種局面。這種前現代的理念及精神，在現今的韓國社會中依然濃厚地保留了下來。網際網路便與這種精神絕妙地合為一體。而且儒教的古老血族共同體以及宗教勢力也完全活用了網際網路，以圖謀強化血族或宗教的紐帶。這些都是網際網路作為「前現代思想增幅媒體」的面向。

相對於此，同時也扮演著「現代思想增幅媒體」的網際網路，則是主要與「國家」、「民族」或「市民」這類概念密切結合。韓國解放以後，在南北分割的狀況下一直都是「國民」與「民族」分裂的狀態，也就是說韓國雖然抱持著「民族國家」概念本身的矛盾，但為了生存下去而強行地建構出民族國家，一直持續地進行這種現代工程。權力者這一邊定義了「國民」的概念，而「市民」力量則以反抗權力者的姿態出現在對立面。

圍繞著「國民」、「民族」、「主體」、「民主化」、「市民」這些概念，在網際網路的領域上，每天都進行著激烈的討論。

接下來，九〇年代後半以後，伴隨著消費經濟成熟，急速地進行後現代化。大眾文化開花結果、從權威主義中脫胎換骨、共同體意識弱化、窩在自己房間整天盯著電腦的「廢人族」這種全新年輕族群登場……網際網路藉由這些現象想要在個體游移不定的後現代韓國裡面，尋求自由的重新定義及進化。日本在七〇年代時開始討論「自由媒體」的可能性，以作為新左翼運動的延續，尤其是積極地展開「自由廣播電台」運動。但是在韓國，這種「自由媒體」的角色則是交由網際網路來擔任。

在這種時代思想猛烈且混雜的狀況下，位於節點上的就是韓國型態的網際網路。

韓國人的文化與網際網路

韓國的網際網路會快速成長的主要原因，除了以上提到的內容之外，也有非常多「文化論」性質的論述。

譬如說，韓國人裡頭具備雷公性格（急躁）的人就非常地多，不管怎樣都無法快速把事情辦好的話，這種人就會變得焦躁不安，很多人認為就是這種性格促使寬頻網路迅速普及。據說韓國人來到日本用過網際網路之後，會因為太過緩慢的網速，讓他們想要把電腦砸個稀巴爛。日本人為什麼會對這麼慢的網際網路沒有一句怨言地一直使用下去呢？完全無法理解這點的韓國人在過去非常地多。

而且韓國人有很多人都有著無論如何都必須要比其他人還要優秀的強迫觀念，這種強烈的競爭意識也是促進網際網路繁榮旺盛的另一股動力。比其他人得到更好的資訊、比其他人抓住更好的機會、比其他人提出更好的意見、想要在知識上比其他人更具有優勢，這樣子的欲望讓網際網路環境上的競爭愈演愈烈。譬如說，在資料檢索領域上最受歡迎的搜尋引擎是「NAER」，這個網站會在一瞬間博得好評並超越「Daum」及「Yahoo Korea」的主要理由就在於該網站對語言定義這類「知識檢索」做得十分完整。「無知」這件事在韓國社會上，完全可以和「人間失格」畫上等號，因此網際網路被高度賦予了「知識整合」的作用。

此外，韓國人非常重視與朋友之間「情」（정）的關係，喜歡透過緊密的交流讓彼此之間形成牢固的紐帶。行動電話與網際網路對於韓國人的這種人際關係來說就是一個絕佳的媒介。

這樣看下來，對韓國人而言，網際網路真的就像是當代的福音一般。不過在這當中也有很多因為魯莽的實驗而衍生出來的問題。必須特別對於民族主義與網際網路之間牢不可破的蜜月關係做出根本性的批判。

不過值得日本借鏡的地方依然很多。

我特別想要指出的是，網際網路在日本太常被放在後現代思想領域上來討論的這一點。正因為如此，網際網路原本應該具有的直線性意向世界觀遭到了弱化。作為為了復甦並強化現代直線達到可能性的媒體，重新定義網際網路勢在必行。無論如何，日本社會都應該早點注意到網際網路是一種能夠縱貫串連前現代、現代及後現代的媒體。

第八章

韓國人的語言

韓語簡單還是困難？

過去我們常說韓語與日語同樣都屬於阿爾泰語系，但最近卻不太會再下這樣子的定義，這是因為語言系統上還有許多疑問尚未解釋清楚。

儘管如此，韓語的文法結構酷似日語這一點卻是千真萬確。不管是什麼句子都好，比如是「我預計今天會到公司去制定出差計畫」的這句日文，語順及助詞的位置都完全原封不動地換成韓語之後，就會馬上變成一句漂亮的韓文句子。日語與韓語的語順是一樣的，助詞的種類及使用方式也很相像，經常使用敬語的這點更是極其相似到讓人完全沒有辦法否認。

雖然韓語和日語非常相似，但因為文字的緣故，反而會讓外國人覺得這是一種非常難以親近的語言。可能是因為韓文與英文字母不同，讓人完全搞不清楚該用怎樣發音的語言來標記，所以才覺得十分困擾。

不過由於韓國文字設計得極為合理，所以在學習上出人意料之外地簡單。

在一般市民取向的韓語講座中授課時，我一般來說都會在最初九十分鐘的課程內容裡頭，讓真正的初學者學會用韓文書寫自己的姓名。不管年紀有多大，九十分鐘內一定都能夠學會用韓文書寫自己的姓名。

想要再看到大家那種開心的笑容時，我就會又跑去開課。

第一節　偉大的文字，한글（han-geul，韓文）

從諺文到한글

而我們稱呼這種語言的文字叫做한글（han-geul，韓文）。

한글是一種表音文字，也就是說像注音符號一般的東西。譬如說，表示「k」發音的「ㄱ」以及表示「o」發音的「ㅗ」，再加上表示「m」發音的「ㅁ」組合在一起後，就會變成「곰」（kom），而這是「熊」的意思。

「한글」這個名稱的意思就是「한＝偉大的」、「글＝文字」，但是這種文字實際上並不是一開始就是這樣稱呼的。一四四三年，世宗和他卓越的幕僚創造出了這種文字，一四四六年公布的時候，名稱叫做「訓民正音」，意思就是「教導民眾正確的發音」。由於在此之前都只用漢字來書寫文章，所以這是一種為了之後能讓民眾可以閱讀及書寫，集結了當時語言學的精華而創造出來的文字。不過，難得製作出了這麼優秀的文字，卻長期沒有受到認真的對待，而是被稱之為「諺文」（언문，eon-mun）或是「암글」（am-keul，女性文字），受到大家的輕蔑。最後這種文字主要都是由女性來使用，有教養的男性在公開場合上都只會使用「真書」（漢字）。

到了日本統治的殖民時代，這種文字被重新認識，成為表現民族獨特性以及文化榮耀的東西，這時候才開始接受「한글＝偉大的文字」的稱呼並且廣泛地使用。

韓語讀音表

這是一張直行為子音、橫列為母音並且將其組合而成的韓文排列出來的表格。這張表格與日語五十音的排列方式一樣，子音、母音各自都有固定的排列順序，辭典中的單字也是依照這個排列順序來陳列的。

母音／子音	ㅏ a	ㅑ ja	ㅓ c	ㅕ jc	ㅗ o	ㅛ jo	ㅜ u	ㅠ ju	ㅡ ω	ㅣ i	合成母音
ㄱ k,g	가 ka	갸 kya	거 ko	겨 kyo	고 ko	교 kyo	구 ku	규 kyu	그 ku	기 ki	ㅐ ε
ㄴ n	나 na	냐 nya	너 no	녀 nyo	노 no	뇨 nyo	누 nu	뉴 nyu	느 nu	니 ni	ㅒ jε
ㄷ t,d	다 ta	댜 tya	더 to	뎌 tyo	도 to	됴 tyo	두 tou	듀 tyu	드 tou	디 ty	ㅔ e
ㄹ r,l	라 ra	랴 rya	러 ro	려 ryo	로 ro	료 ryo	루 ru	류 ryu	르 ru	리 ri	ㅖ je
ㅁ m	마 ma	먀 mya	머 mo	며 nyo	모 mo	묘 myo	무 mu	뮤 myu	므 mu	미 mi	ㅘ wa
ㅂ p,b	바 pa	뱌 pya	버 po	벼 pyo	보 po	뵤 pyo	부 pu	뷰 pyu	브 pu	비 pi	ㅙ wε
ㅅ s,ʃ	사 sa	샤 sya	서 so	셔 shyo	소 so	쇼 shyo	수 su	슈 shyu	스 su	시 shi	ㅚ we
ㅇ 無音ng	아 a	야 ya	어 o	여 yo	오 o	요 yo	우 u	유 yu	으 u	이 i	ㅝ wc
ㅈ tʃ,d_3	자 cha	쟈 cha	저 cho	져 cho	조 cho	죠 cho	주 chu	쥬 chu	즈 chu	지 chi	ㅞ we
ㅊ $tʃ^h$	차 cha	챠 cha	처 cho	쳐 cho	초 cho	쵸 cho	추 chu	츄 chu	츠 chu	치 chi	ㅟ wi
ㅋ k^h	카 ka	캬 kya	커 ko	켜 kyo	코 ko	쿄 kyo	쿠 ku	큐 kyu	크 ku	키 ki	ㅢ ωi
ㅌ t^h	타 ta	탸 tya	터 to	텨 tyo	토 to	툐 tyo	투 tou	튜 tyu	트 tou	티 ty	
ㅍ p^h	파 pa	퍄 pya	퍼 po	펴 pyo	포 po	표 pyo	푸 pu	퓨 pyu	프 pu	피 pi	
ㅎ h	하 ha	햐 hya	허 ho	혀 hyo	호 ho	효 hyo	후 fu	휴 hyu	흐 fu	히 hi	
ㄲ ʔk	까 kka	꺄 kkya	꺼 kko	껴 kkyo	꼬 kko	꾜 kkyo	꾸 kku	뀨 kkyu	끄 kku	끼 kki	
ㄸ ʔt	따 tta	땨 ttya	떠 tto	뗘 ttyo	또 tto	뚀 ttyo	뚜 ttou	뜌 ttyu	뜨 ttou	띠 tty	
ㅃ ʔp	빠 ppa	뺘 ppya	뻐 ppo	뼈 ppyo	뽀 ppo	뾰 ppyo	뿌 ppu	쀼 ppyu	쁘 ppu	삐 ppi	
ㅆ ʔs,ʔʃ	싸 ssa	쌰 ssya	써 sso	쎠 ssyo	쏘 sso	쑈 ssyo	쑤 ssu	쓔 ssyu	쓰 ssu	씨 sshi	
ㅉ ʔtʃ	짜 cchya	쨔 cchya	쩌 cchyo	쪄 cchyo	쪼 cchtyo	쬬 cchyo	쭈 cchyu	쮸 cchyu	쯔 cchyu	찌 cchi	

因為한글是世界上最新的文字之一，所以依高度合理性創造出來的這一點就是它的特徵。代表子音的字母有十四個，代表母音則有十個，基本上形成了這些字母組合起來就能表現出全部發音的構造（不過字母的數量依時代及分類方式的不同而沒有固定）。

一般認為最基本的子音是k、n、m、s、ng這五個，而這五個以外的子音全部都是從中衍生出來的。譬如說，「n、t、l」以及「m、p」就被認為分別是同一組系統的發音，而這在現代語言學的角度來看也是合理的見解。

한글與漢字

北韓很早就完全廢除了漢字，但韓國卻沒有辦法採行這種下定決心完全廢除漢字的政策。

在韓國，由於每個時代的政府投注在漢字教育上的程度不盡相同，所以想要得出整個世代的「漢字讀寫平均值」並不是件容易的事情。如果聚焦在年輕韓國人身上來討論的話，就正如媒體上經常會為「就連首爾大學的學生也寫不出來哲學或道路之類的漢字」而鬧得沸沸揚揚一般，可以理解到他們漢字讀寫能力是相當地低落。直到十年前左右，報紙上都還會經常地使用漢字，但最近已經變得幾乎不再使用了（也有像北韓那樣完全不使用漢字的報紙），而且雖然在學校的課程上還是得學習漢字，但相較之下常常是將心力放在數學或英語的學習上，這也是漢字程度低落的理由。不過考量到未來會是「東亞的時代」，最近在家庭等場所有積極推動漢字教育的傾向，並且出版了很多依現代風格改編自《千字文》的教材。

如同先前提過的，韓文會被賦予「한글」（偉大的文字之意）的稱呼，是在日本統治的殖民時代下，為了發揚民族的獨特性而對這種文字進行「再發現」時候的事情。所以這種文字在「現代以後」的定位，必須放在它與民族主義的關係上來理解。

解放之後，北韓馬上就變成只使用韓文，而韓國也在朴正熙總統執政的一九七〇年代廢除了漢字教育。但是韓國不久後就恢復漢字教育，並且規定使用「教育用基礎漢字」，裡面共有一千八百個漢字。此後，「韓文專用論」以及「漢字併用論」兩方的論爭變得白熱化，政策也一直相當搖擺不定。

隱藏在這場論戰背後的是「該如何認識中國」的課題。「韓文專用論」的學者認為韓文正是意謂著從中華文明獨立出來，是一種民族獨有且真正獨創的文字。另一方面，「漢字併用論」的學者則認為，捨棄利用漢字所建立起來的文化、歷史方面成就的話，就沒有辦法發揮出真正的民族性。而且從殖民地時代的「朝鮮語學會事件」中（一九四二－一九四三年。朝鮮語學會的會員共三十三人被日本警察依違反《治安維持法》的理由檢舉並關進監獄），儘管有人因日本鎮壓而死在獄中，也堅持要「守護」這種文字及語言來看，圍繞在這種文字上高漲的民族主義情感至今仍舊揮之不去。

在政策上，由國立國語研究所進行系統性的國語（韓語）研究，課題包含：①正字法[1]的

1　譯註：即確定正規使用且書寫及語法符合相關規範的文字。多半由政府強制推行。

確定；②標準語的確定；③外來語的表示方式；④漢字使用等項目，再將其研究成果反映給直屬於總統管轄的國語審議會，由專門委員負責審議。

在漢字這個議題上，大眾媒體被牽扯進來演變成激烈論戰的情形也很常見。在二〇〇二年的世界杯足球賽之前，發生了道路等處的告示板是否應該一併寫上漢字的論戰，但是也由於金大中總統是一位漢字積極使用論者，所以變成在韓國的街道上有許多漢字映入眼簾。

雖然根據文章種類的不同（詩及小說是固有詞較多，論文及新聞報導這類文章則是漢字詞較多），韓文文章中大約有百分之六十到八十是漢字詞。考量到這種實際狀況的話，漢字教育是一定必須推動的事情……。

第二節　日本語與韓語

句子的類似性

日語與韓語在結構上非常地相似，這種觀念最近才開始慢慢變成常識，不過日本人過去幾乎對於鄰近國家的語言是什麼都搞不清楚，應該也是有很多人隱約地以為韓語反而是和中文比較相近。再加上韓文那種陌生的字型從中阻擾，別說它是鄰國的語言了，甚至有著這是宇宙另一頭某座星球上的語言的印象。

對我們來說更震撼的是，像這種幾何學圖樣、充滿銀河系風格的記號背後，居然藏著幾乎與日語有著同樣結構的語言，這是意想不到的事實。

我過去曾在《CAT》（ALC）雜誌上做了某種實驗（二〇〇二年十二月號）。為了確定日語跟韓語是否真的具有相似的結構，做了以下三點的實驗：①請人將日文A翻譯成韓文；②請其他人將翻譯成韓文的句子再翻回成日文（日文B）；③然後試著比較日文A與日文B。

此外，翻譯人員的個人資料如下：首先從日文翻譯成韓文的是二十幾歲的女性韓籍留學生，從高中開始學習日語以來已有十年左右。然後從韓文翻回成日文的是位二十幾歲的在日韓國女性，韓語只從小學學到高中為止。

實驗的結果如以下所示。

【文例1】

（日文A）韓國偶像團體神話的演唱會，有大批年輕日本女性蜂擁而至。

（日文B）韓國偶像團體的神話的現場演唱會，湧現了大批年輕日本女性。

【文例2】

（日文A）這不是因為韓國是鄰國，所以就必須互相理解之類的義務感或口號，而是它有著充滿魅力的文化，而且是個語言容易學習又非常靠近的國家。然後實際上走訪過後就會發現到那取之不竭的魅力。沒有去不了的人，也沒有學不會韓語的人。

（日文B）這不是韓國是鄰國的緣故，所以必須互相了解的義務感或口號，而是他有著充滿魅力的文化，而且還是個語言容易學習、近在咫尺的國家。然後，實際走上一遭，就會發現那有令人著迷的魅力。只要試著走上一遭，只要學會它們的語言。

在這個實驗中，應該能夠充分地體會到這股震撼感吧。當然這些都是以翻譯的正確性為前提下而進行的，但是當看到「日文A」與「日文B」時，很少人能馬上知道哪邊才是原來的原文，而哪邊是從韓文再翻譯過來的。

這裡舉出的全都是些內容比較緊湊的文章。在這種情況下，大致上對日語及韓語進行逐字翻譯的話就能完成譯文了。為了更正確地表達出「偶像團體」與「神話」之間的關係而加進「的」這個字，若能注意到這種程度的細微修正的話，就能翻譯成為更完美的韓文了。

像英語這類語言要翻譯成日文的時候，得事先在語順的變更上下足各種工夫，但是翻譯的鐵則卻是要在更高的層次上「不打亂原文的文脈」。不過在韓語的情形中，這種高度的技巧一切都不是必須的。

不過由於在小說或隨筆的場合中所使用的語彙，不屬於漢字語的固有詞變多的緣故，所以在翻譯上會變得更為困難，不過語言的結構本身是不會改變的。

因為上述原因反而會變得困難的是，由於結構上過於相似之故，照著原貌逐字翻譯下來，碰到以日文總無法通順表達的時候，就不知道該如何是好了。使用翻譯軟體的譯文就有這種傾向。換言之，人腦翻譯與電腦翻譯的不同之處，在韓語與日語的情況中，就存在於這種小地方上。

具體來說，代名詞及助詞這類的增刪工作是必要的。而以更高層次的翻譯來說，恰好與將英語這類語言翻成日文的鐵則「不打亂原文文脈」相反，下定決心弄亂原文的前後關係反而是必須的。也就是說，因為日語與韓語實在太過於相似，為了要發揮出翻譯人員的創造性，也有不得不暫時擺脫「語順相同」這項制約的時候。可以說就是「太過於相似」的緣故才要多動點腦筋吧。

日語與韓語的三項要素

（中文）首爾車很多。

（日文）souru wa kuruma ga ookatta.

（韓文）soul un cha ga manatta.

上面的句子只看一眼就能了解日語與韓語構造上的相似之處了。

實際上不管是日語還是韓語，只要能夠了解■、●、▲這三項要素就能夠完全地精通。

■是指句子主幹的部分，以我個人的用語稱之為「幹」。
●是替■添加上各種意思及判斷的部分，我稱之為「選項」。
▲則是話語延續或結束的部分。我把延續的部分◣叫做「黏著劑」，結束的部分◢稱之為「煞車」。

只要能夠理解這三個項目，就能寫出一手完美的韓文，幾乎不需要與文法有關的術語及知識。

這就像我們在國中生的時候學習了一大堆瑣碎的文法術語，但就算完全不知道這些東西也能寫出一篇出色的日文文章一樣，儘管幾乎不清楚文法術語，也能寫出一篇道地的韓文文章。

這是為什麼呢？

這是因為■、●、▲不管是在日語還是韓語之中，都是以完全相同的架構來組成的。

（日文）我想去首爾。

boku　wa　souru　ni　ik　itai　desu.

■　◣　■　◣■　●　◢

（韓文）na　nun　soul　e　ka　goship　oyo.

這個句子裡頭，「boku」、「souru」、「ik」是句中「幹」的部分，也就是■。「boku」、

「souru」是名詞（代名詞及固有名詞），「ik」則是「去」這個動詞的核心部分。

「wa」、「ni」、「desu」是▲。「wa」、「ni」是延續前一個字的部分，也就是「黏著劑」。

「desu」是句子結束的部分，也就是「煞車」。

「itai」則是●，就是「選項」。這是替■加上各種意思及判斷的部分。

這樣一來應該就可以了解無論是韓語或是日語都同樣是用■、●、▲的排列方式來形成的。

日韓相似的詞彙

不過，雖然文法上是如此地雷同，但日語與韓語之間卻意外地很少有共通的固有詞彙。使用漢字的詞彙當然是源自中國，如果加上日本在現代以後創造出來的詞彙，日韓共通的詞彙數量非常地龐大。但如果只看與漢語和現代詞彙無關的「固有詞」，日韓共通的詞彙就出人意表地少之又少了，這成了一個巨大的謎團。因此大野晉雖然曾在過去主張日韓兩種語言同出一系的論點，但不久後就整個推翻掉，甚至到了提出印度的坦米爾語與日語同源說的地步。

現在從宋敏寫的《韓語與日語之間》（菅野裕臣譯，草風館，一九九九）挑出日韓相似的詞彙來看看。

在看到這些例子之後（這裡舉出來的只不過是一小部分），便可以了解日韓重要語彙中有著相當類似的詞彙。不過反向思考的話，會有種可以說還有更多數不清的基本詞彙是類似的感覺。日語與韓語的系統問題就留待日後的學者研究來解決吧。

日韓相似詞彙對照表

中	韓	日	中	韓	日
熊	kon	kuma	雞	talk	tori
鶴	tulumi	tsuru	群	muli	mure
海	pata	wata	田	pat	hata
河豚	pok	puku	欺騙	sok	sukasu
酒	sul	shiru（汁）	炭	sus	susu（煤）
酸	si	su	幼童	aki、aka	agi、ago
下	alav	oru	上	uv	uhe、ue
母親	omi	omo	承受	op	opu、ohu
檻	uli	ori	牝	am	imo
口	ip	ipu、ifu（說）	時	cheuk	toki
乳	chyot	chichi			

中	韓	日
蛇	paym	pemi、pebi、hamo、pamu
女陰	pochi	podo、hodo
刀	kal	kiru（切）、karu（割）

第三節　語言與民族主義

韓語的世界化

那麼接下來我們來討論一下圍繞在這種語言周遭的狀況。

我過去在日本不光只在大學，還在各種場所教授朝鮮半島的語言，說起來是個比較熱中於普及韓語的人。雖然一提到「普及」，就會產生出某種鄙俗的語感而感到難為情，但因為實際狀況就是與這類工作有關，所以才沒辦法說謊。

從事這類工作時，特別讓人在意的是韓國政府以世界主要國家之姿推動的「韓語世界化」方案。這是一九九〇年代的韓國在提出「世界化」的口號後，企圖打進世界的動向所延伸出來的方案，政府投入了大量的預算想要讓韓語在世界上普及開來。這個「世界化」與「國際化」這種曖昧詞彙不同，很明顯地是韓國想要主動將本國的文化推銷到世界各地。這實在是很容易理解的事情。韓國的電影、連續劇及歌曲等大眾文化，無非都是作為這個「世界化」政策的一環而被巧妙地商品化。

我個人是屬於不由自主的會對於有「國家」或「民族」介入的民族優越感覺得厭惡的類型（過去在韓國居住的時候，受到了這種排他主義以及民族優越感糾纏不休地沉痛打擊，造成了我心靈上的創傷），所以絕對不會參與「韓語的世界化」。這裡要申明的是，我個人是由於對朝鮮半島的語言及文化感到興趣所以才從事這方面的工作，按照貴國意圖的形式可是和貴國的語言一點關係都沒有的。

但這是我個人的立場，而且根據後面會提到的理由，不應該對於韓國進行這種「運動」說三道四，而且從當中還摻有他人目光的意義來看，在民族主義某種程度相對化的契機下，我認為這種「文化的商品化」是可行的，從這層意義上來說，是可以給予肯定的態度。

民族主義批判的缺乏

和朝鮮半島的語言有所關聯的人，都不得不直接面對這種語言與民族主義之間鮮明的關係，這是理所當然的事。

從這種語言原本該如何稱呼的名稱問題來看，就還沒得到過共識。

日本學院派的傳統中，這種語言的學術名稱叫做「조선어」（jo-seo-neo，朝鮮語）（不過在朝鮮半島研究領域中，「學院派」、「學術」這種詞彙並不能與「非政治性」這個字畫上等號）。最近採用「한국어」（han-gu-geo，韓國語）這種稱呼的大學也逐漸增多。大學入學考試中心從二〇〇二年度入學考試起開始施行的這種語言科目名稱也是「韓國語」，但這是因韓國金大中政權與日本政府之間的關係所以才設立的。

一九八四年，NHK首次在電視、廣播電台開辦這種語言的講座時，就曾為了這種「名稱問題」苦惱許久，最後決定使用「한글」（han-geul）這個詞。由於한글就是表示這種語言的

文字名稱，所以「안녕하십니까 한글講座」（您好 韓文講座）的名稱就是仿效當前「您好 假名講座」的同一種形式。雖然有種奇怪的感覺，但這是根據不管是「韓國語講座」還是「朝鮮語講座」，都會引發政治糾紛來做判斷而得到的結論。換言之，讓NHK不得不繼續採用這種苦肉計的理由是，使用「韓國語」就會很明顯地意味著這是大韓民國的語言，而使用「朝鮮語」則就是意味著朝鮮民主主義人民共和國的語言，因為具有這種可能性的緣故，所以就有必要要徹底地嚴守中立性。以標榜這種「中立性」的組織來說，作為另一個可以使用的名稱，還有「Korea語」這個稱呼。但是「Korea語」這種說法，會讓人有像是「Japan語」或「China語」的這種感覺，的確是種非常不牢靠的稱呼方式。

不過在日本大學的語言教育工作現場上，現在有相當多老師都是由韓國人擔任，在這種情況下必然會將這種語言排他性地定義成為「韓國語」，這已是無法否認的真實情況。

這並不是大家所樂見的事態，但是這些韓籍教職員讓人覺得，他們本身對這件事情大多毫無自覺。

理由之一是由於韓國人對於語言及民族主義之間的關係，感覺十分遲鈍。日本過去在這方面遭遇過重大的挫折，但韓國並沒有這種經驗。如果是日語與民族主義之間的關係，各個領域都會對此進行徹底性的批判工作。但是關於韓國語這種語言，這方面的工作卻是十分微弱的。

過去與日本之間的共鳴

但是在這種情況的背後，當然得承認存有日本過去在朝鮮半島上推行文化政策的殘骸。韓國以及北韓的學校教育中對這種語言的稱呼與日本相同，都叫做「國語」。在殖民地時代，日語被強迫成為「國語」的傷痕平復後沒多久，就不得不在南北分裂的狀況中，邁向現代民族國家建設大業的兩個國家，各自都將「本國」的語言定義成為「國語」，試圖推動國民整合。「國語」這個詞彙在歷史上所具有的政治性、暴力性的沉痛記憶，得用「民族國家的建設」來克服它。

對於語言及民族主義之間牢固連結的批判遭到韓國人封殺這個事實，有著兩個先決條件。一個是為了不再重蹈當初被日本深深傷害的悲劇，有義務由自己建立起強而有力的民族國家；另一個則是在南北分裂體制之下，韓國與朝鮮彼此都不得不推行排他性的文化認同化。

其結果就是，儘管在與日本對抗的主軸上，不得不將「民族」當做成最重要的價值來推動文化整合，但也由於分裂狀況的外在條件，兩國都必須把「國家」視為最高價值來展開文化整合工作。韓國人裡面也有人對這種狀況提出批判，這些人擔憂南北韓之間的語言異質性持續擴大，認為應該優先推行以「民族」為單位的文化認同運動。但是由於這種思考取向，更強化了「文化民族主義」與政治性、暴力性的連結，對於「民族文化」以外事物的排他性則是愈演愈烈。

一般來說，韓國人平日並不會稱呼自己的母語叫做「韓語」，而是稱呼為「우리말」（u-rimal，我們的語言）。這種「我們的語言」的概念並不具有將自身客觀化的思考模式，反而是以排他性概念本身做為其存在理由的核心。並且因為這種概念，譬如說不了解這種語言的韓裔日本人，或是發音及語彙都跟韓國人有差異的中國境內朝鮮族，都直接成了他們鄙視的對象。

在這層意義上，「韓語的世界化」比起「國語的世界化」、「我們的語言的世界化」，可以說經過了一部分將本國語言客觀化的程序。因此可以對此抱持肯定的態度。

無論如何，在戰後的日本，主要都是一群不懂朝鮮半島語言的人在談論朝鮮半島事務，而問題就來自這種歷史的原委。在學術上也是如此，那些所謂與朝鮮半島情勢及日韓關係有關的新聞工作者的言論也是這樣。這種情況太扭曲了，只要稍微想像一下，如果是由一群不懂英語、法語及俄語的日本人來談論美國、法國及俄國的話……就能馬上了解這是足以讓人毛骨悚然的事態。

終於，從二十世紀末葉開始，學習這種語言的日本人也增多了。我由衷地認為學習鄰國語言的人數應該還要再增加，必須要有更多人在日常生活中打造出可以經常接觸這種語言的環境。

第九章

韓國人的宗教

宗教性的韓國人

韓國人是一群篤信宗教的人。如果要特別舉出與日本人的不同之處，那就是對薩滿巫術的信仰深厚，信奉基督教的人也非常地多，而儒教不光只是禮儀，包括葬禮及祖先崇拜等等習俗都深入社會之中（不過根據各項調查，引人注目的事實是韓國人幾乎沒有將薩滿巫術及儒教視為「宗教」）。

雖然調查而來的數字有些落差，不過大體上可以認為有半數的韓國人沒有宗教信仰，四分之一信仰佛教，四分之一信仰基督教（譬如根據一九九五年的人口住宅總調查，有宗教信仰的人占整體的百分之五十點七，百分之二十三點二信仰佛教，百分之十九點七信仰新教，百分之六點六信仰天主教，百分之零點五信仰儒教。也請參考目錄後的「大韓民國概要」）。半數無宗教信仰的人之中，還包含了信奉巫教以及儒教，但自己卻沒有意識到的人（表明自己信奉儒教的人大略在百分之一以下）。而且近年來信仰基督教的人數也在持續地增加之中。

此外，年輕人的宗教意識非常高漲也是特徵之一。在一九九九年的某項調查中，百分之六十五的青少年都有某種宗教信仰。這當然是受到了父母及家庭很大的影響，但也是社會整體對「信仰宗教」存在著肯定的氛圍所導致的結果。與此相比，日本的青少年不僅對宗教大多毫不關心，通常還對「宗教」這個詞彙有著負面印象。

不過韓國也存在著圍繞於宗教上的各種問題。激進的新興宗教、宗教間的對立、宗教間過度的勢力擴張競爭等，不停地重複著各種矛盾及摩擦也是事實。而背後的主要因素之一就是該民族信仰中存在著「基本教義派」的傾向。

以下將依照儒教、佛教、基督教、巫教的順序來進行簡單地概述。

第一節 儒教

儒教是一種宗教嗎？

「儒教是不是宗教」這個問題經常被拿出來討論，這情況不管是在日本還是韓國都一樣。不過，儒教也是一種宗教的觀念，一直等到晚近才在日本逐漸定型下來。這或許是加地伸行的《儒教是什麼》（中央公論社，一九九〇）以及《沉默的宗教——儒教》（筑摩書房，一九九四）等書籍造成的影響。總而言之，儒教用葬禮及孝道的概念規範了死後的世界，所以它不單純只是社會、政治思想及禮儀，它還是一種宗教。

在韓國，很多人並沒有將儒教當成「宗教」來認識，我想這是由於韓國人從事的儒教式葬禮及祖先崇拜等習俗太過於日常生活化，所以才沒有引發特殊意識的緣故。但是這些將生前世界與死後世界連結起來的習俗，從根本性上來說確實就是儒教。

儒教＝創造出來的傳統

韓國經常被稱為是「儒教社會」，這時候講的是人際關係上嚴守年齡之類的上下分際（長幼有序）、親子間感情的深厚（父子有親）、男女及夫婦間清楚的區分（男女、夫婦有別）、朋友之間友情的篤實（朋友有信）。而具體的禮儀規範是韓國人不會在長輩面前抽菸，飲酒時要扭轉上半身面朝後方喝下等，這在前面已經介紹過了。還有關於祖先崇拜以及死後的世界，則是強調透過祭祀這種宗族（父系同族集團）全體儀式的「孝道」。

的確，這些習俗在現代的韓國是有被比較確實地遵守，然而歷史上的韓國卻並非一直都是儒教社會。高句麗（西元前一世紀後半—六六八年）、百濟（四世紀前半—六六〇年）、新羅（三五六—九三五年）這三個國家反而是佛教盛行，高麗王朝（九一八—一三九二年）確實可以稱之為佛教國家（不過儒教在此時也頗為興盛，也有舉行科舉考試）。到了朝鮮王朝（一三九二—一九一〇年）之後，推行了嚴格的廢佛毀釋運動，確立儒教（朱子學）成為國家的意識形態。

邁向儒教社會的改革，耗費了朝鮮王朝共五百年的前半歲月後，才只不過是終於定型而已。嫡長子繼承制、儒教風格的葬禮、族譜的整理，這些儒教社會的象徵是從朝鮮王朝開始推行的，但並沒有馬上就扎根下來，而是透過堅持不懈的思想教化以及國家權力的運作，經過數百年的時間才打造而成的傳統。

因此，現在韓國的儒教這一面，充其量只不過是這數百年間所創造出來的，「儒教層」的之下卻是由巫教和佛教堆積而成的厚實底蘊。即便如此，韓國社會之所以會具有強烈的儒教性格，終歸是貫穿朝鮮王朝五百年歲月以及之後的現代化時期，韓國社會都在持續推動「儒教化」的結果。

獨尊朱子學

儒教從三國時代（高句麗、百濟、新羅）就已存在，但發揮出其真正面貌的果然還是朝鮮王朝。

朝鮮王朝時的儒教大體上近乎是一面倒向朱子學。雖然也有遵奉陽明學派的儒者，但因為被視作異端分子而隱居起來，也存在著今日稱之為「實學」這類實用性的學術傾向，不過還沒到能在政界上形成一股勢力的地步。

朱子學也被稱之為程朱學或是宋學，是南宋朱熹（一一三〇—一二〇〇年）集大成的宋代儒教哲學。

雖然朱子學確實有著精致的體系和宏偉的思想，但現代主義學者對它的評價卻是非常地糟糕。無論是日本學者還是韓國學者，都認為朱子學是脫離現實的空泛理論，朝鮮王朝更是因為深陷於獨尊朱子學的黨爭之中，搞得國力凋敝、停滯不前，因而趕不上現代化的潮流。

譬如司馬遼太郎就曾提到過下面的內容：

李氏朝鮮的時候，與中國一樣用科舉考試來錄用官僚。／雖然這是件很好的政策，但科舉考試是以朱子學為唯一的學派，不得根據除此之外的思想來作答（明、清的科舉也是一樣）。／這項措施為朝鮮歷史帶來了淒慘的災難。朱子學（廣泛地說是宋學）相較於考證、訓詁的實證性，更重視的是大義的名分，而且是一個可以針對這點的異同而不厭其煩地鑿戰下去的學派。／現在想想，士大夫以及以此為目標的有為知識分子或讀書人，持續耗費了五百年的光陰就為了這種幾乎只能說是毫無意義的神學論爭，真可以說是世界歷史上的奇觀。／像中國人及朝鮮人這種思想上充滿活力的民族，居然為了這種狗屁不通的學問，耗費掉了世界走向現代最為重要的這五個世紀，真是讓人扼腕嘆息。

從十六、十七世紀開始，世界經濟及思想開始騷動不安，也是開始展露出有多元價值觀跡象的時期，然而中國與朝鮮卻與世界歷史背道而馳，排斥獨創性，固執於朱子學的單一價值觀，頑固地維持著這種只能說是將才智關入大牢之中的制度。（《走上街道28　耽羅紀行》朝日新聞社，一九九〇）

儒教的再評價

由於這種朱子學觀點是受到了「現代」意識形態的綁架，就我個人而言認為這是應該要破除的印象。這與日本江戶時代絕非是停滯不前、封閉的時代一樣，儘管在社會型態上當然有很大的不同，但朝鮮社會也絕非是故步自封的，這個社會在那五百年間一直都有從事改革，並透過改革來達成社會的「儒教化」。這種取向雖然與「現代」是南轅北轍，但也不能就此全盤否定。

在中國的情況，也曾用「批孔」的口號全面性地否定儒教及其傳統，在文化大革命時期達到最高峰，但近年來出現了顯著的趨勢要求對儒教進行再評估。韓國在推動現代化的時候，也只有「實學」受到眾人矚目，但最近要求對儒學主流朱子學進行再評價的徵兆很明顯。

不過這波朱子學再評價的潮流，與文化上體現中華本身的自尊意識一起被談到時，有著容易傾向中華思想[1]的可能性。韓國相較於中國，當然還有日本，儒教傳統中純粹、正統的觀念，往往就會與排他性的民族主義結合在一起。從今而後重要的是，不要去否定儒教傳統並正確地予以評價，同時另一方面也不能只是執著於這點之上，而是要在韓國各式各樣的文化整體之中，試圖賦予適當的定位。

李退溪與李栗谷

那麼，若是說要舉出朝鮮朱子學歷史上最為重要的儒者，那就是李退溪（一五〇一—一五七〇年）以及李栗谷（一五三六—一五八四年）。李退溪幽居在安東附近的陶山書院教導後進、鑽研儒學。他提倡獨特的「理氣論」，也對江戶時代的日本學者造成了很大的影響。李栗谷在各級科舉考試中均獲得第一名，然後一面在中央政界扮演重要的角色，一面加深自身的儒學研究。順帶一提，現在韓國千元鈔票上畫的人物就是李退溪，而五千元鈔票上的則是李栗谷。這兩個人不只在朱子學朝鮮化的意義上扮演著重要的角色，繼承此二人的學派，在後來的朝鮮學界以及政界上還演變成展開激烈勢力鬥爭的地步。李退溪的系統一般來說被稱之為嶺南學派，李栗谷的系統一般則是稱作畿湖學派。

此外，從他們學問的內容來說，李退溪的系統被稱作為「主理論」，李栗谷的學派則是叫「主氣論」。

換言之，朱子學的專門用語「理」以及「氣」之中，李退溪主理、李栗谷主氣。

解放後的北韓將這兩位儒者草率地貼上了標籤：李退溪「主理」，故為保守反動派；李栗谷「主氣」，是為改革派。因為在馬克思主義的唯物論意識型態之下，主張「氣」（物質）的思想才是進步的，以「理」（觀念）為主的思想則是反動的。韓國這邊的情況則不一樣，李退溪、李栗谷以及他們學派的後裔，即便是現在也都有著顯赫的勢力，所以像北韓那種單方面的疏略評價是很難成立的，不過韓國也存在著李退溪是保守、李栗谷是進步形象的評價。

然而，這兩個學派實際上都是朝鮮社會試圖朝向「朱子學化」邁進時的改革派，這一點是不能竄改的。而且，認為李栗谷主張「氣」的看法，實際上並不正確。相較於李退溪的系統是「發於理」，李栗谷的系統只是主張「理不動」而已，絕不是重視氣更甚於理。對朝鮮朱子學

1 譯註：亦稱華夷思想，是古代中國的一種世界觀。認為中國（中華）為世界中心，其文化及思想具有最高價值。漢民族以外的異族、其他國家皆為「化外之民」，是教化的對象。

者而言（雖有少數例外），理始終比氣還要來得更重要。

作為改革思想的朱子學

儒教基本經典（五經）之一的《詩經》，原本並不是嚴謹的道德書籍。裡面也收錄了許多毫不避諱地歌頌人民純樸戀情、愛情的詩篇，讓人得以想像遠古牧歌般的村莊生活以及複雜交錯的人際關係，實在饒富趣味。

孔子將這本書列為儒教最基本的教典之一。根據孔子的教誨，《詩經》是非常重要的，還留下了「詩三百，一言以蔽之，曰：思無邪」這句非常有名的話（「思無邪」原是《詩經》中某首詩的一句話）。

不過，作為宋代新儒學的「理學」（也有這樣子來稱呼宋學、朱子學），全心全意地想用「理」（道德）來重新詮釋所有的儒教經典並加以系統化。《詩經》也在道德上被賦予了全新的意涵，並以「理」之集合體的經典之姿重生。「思無邪」這句話，孔子原本是詮釋為「直率純粹的感情」，但在朱子學卻變成是指稱「道德動機的純正無瑕」。日本的小泉首相在訪問韓國西大門刑務所舊址（抗日獨立運動的聖地）時，寫下了「思無邪」這句話，就是根據朱子學的這種解釋。

在這世上，有著讚許赤裸裸的即物性並對此感到興奮的這類人，以及對超越這種即物性而嚴密建構出來的理念性而感到興奮的另一類人。前者會喜愛上樸質且直率的《詩經》，後者則是會固執地埋首於用道德理念來武裝的思想性《詩經》之中。

朝鮮王朝，一言以蔽之，可以說是社會高層的腦袋都沾染上後者類型色彩的時代。但是不光只是如此而已，就如同馬克思所說的一樣「哲學家們只是用不同的方式解釋世界，而問題在於改變世界」（《關於費爾巴哈的提綱》），儒教（朱子學）並不光只是在解釋世界，而是一種想用它那有如壯麗鋼鐵宮殿般的理念性來改革現實的思想。在中華世界之中，儒教（朱子學）就是一種終極的改革思想，士大夫就是最強而有力的改革主體。最近的歷史學研究接連不斷地揭露出伴隨著其強權，稱得上是暴力的改革過程。其研究結果表明了朝鮮王朝的社會決不是（現代主義學者所想像的那樣）停滯不前，而是有著充沛活力來執行「社會朱子學化」計畫的歷史。

現代主義學者完全無法理解這一點，他們只是詛咒朱子學的基本教義，卻對其本質毫無所知，丸山真男和司馬遼太郎在這一點上都是一樣的。「（李氏朝鮮）勇敢地在進行世界歷史上五百年不變動的大實驗」（司馬遼太郎）的這種歷史觀很明顯是錯誤的。

現代主義學者容易認為「朱子學的理氣及仁義是脫離現實的紙上談兵」，但當他們這樣說的那一瞬間，不管是儒教還是朝鮮都變得完全無法理解了。總之，關於這點，希望讀者們能牢牢地銘記在心。

丁茶山的《論語古今註》

當然朝鮮並不是「向朱子學一面倒」。也存在著批判程朱的新詮釋，還有陽明學，更有所謂的「實學」（關於這些，三浦國雄、松田弘、姜在彥等人均有相關論述）。

在非程朱學的範疇中，若說要舉出一個朝鮮時代最為特別的《論語》註解的話，應該毫不猶豫地會提到丁若鏞（一七六二—一八三六年，號茶山）的《論語古今註》。

主張「《論語》才是應該終身閱讀的聖經」的茶山，其學風回歸到「孔子學的原貌」（李乙浩），因此採用魯國的地名而被稱作是「洙泗學」。由於其學派的傾向，他的《論語古今註》的特徵之一就是從伊藤仁齋、荻生徂徠、太宰春台[2]那裡，分別用「藤曰」、「荻曰」、「純曰」的形式做了很多的引用。而各自的引用次數依照順序是三處、五十處、一百四十八處（河宇鳳著，《朝鮮後期實學者的日本觀研究》，一志社，一九八九）。茶山對日本儒者的評價也很高，在給兒子的信中甚至感嘆地說：「因日本無科舉之弊，其學問現已遠超乎朝鮮矣。」

不過關於丁茶山從日本人引用資料的這一點，在韓國卻沒什麼人提起，大概是自尊心不允許吧。譬如李乙浩的《茶山經學思想研究》（乙酉文化社，一九八九）這本書中，關於引自日本人的資料隻字不提。

朱子的力量

那麼，丁茶山的確是超乎一般人的哲學家，《論語古今註》也相當地特別，但這本書卻無法對朝鮮思想界帶來影響。茶山的著作大多是在長年流配之地寫成的，而他本人也具有強烈的殖民地時代「再發現」的思想家性格。

支配朝鮮思想界的畢竟還是朱子，而這種傳統到了二十一世紀的現在也持續不斷地承繼了下來。

我在韓國留學的時候曾經參加過「民族文化推進會」、「傳統文化研究會」這類學會開辦的一般取向講座，但那種熱情程度在日本實在是難以想像，詮釋觀點都是朱子、朱子、朱子。教科書是用成均館大學、大東文化研究所出版的《經書》（這是將一七七七年由內閣刊行的《四書》銅版活字本影印成一冊的書籍，實在是非常美麗的書），或是使用成百曉所懸吐、譯註的四書（吐是指在閱讀漢文時，用韓文斷句而加進的接續詞、語尾之類的東西）。不管是哪種教材都有《論語集註》，朱子的註釋也都一個不漏地全部閱讀過，絕對不會把本文和註釋分開來講授。

教室經常是座無虛席，與日本最明顯的不同之處是聽課的學生很多都是年輕人，年輕女性也很多，大家非常認真地面對這些古典文獻。

在這裡學習的是「體系」。學習認識世界的巨大架構，而不是片斷地學習古典知識。

此外，日本人可能將《論語》中的「學而時習之」（學而篇）解釋為孔門讀書會（禮的演

2 譯註：三人皆為日本江戶時代的著名儒者、思想家。

練）的情景；「賢賢易色」（學而篇）不是「要以敬重賢人之心，來改變好色之心」，而應該解釋成「所謂的賢就是像易＝蜥蜴的顏色一樣，因應不同角色而改變態度」，像這樣劃時代的解釋在日本是有可能出現的（宮崎市定的說法），但韓國人幾乎不會去追求這種「趣味」及「獨創性」。這種想要徹底理解朱子創造出來的理念世界以及歷史「全體」的想法當中，才存在著讓人目眩神迷的興奮感，瀰漫著一股整體而言「儒學是一種青春學問」的氣氛。

近年來，東方哲學學者金容沃在講完《老子》之後，繼續在電視上講解《論語》，得到了韓國人的廣大迴響。他的說法不是奉朱子為圭臬，也不是完全的教條主義，但卻充分地意識到了在朝鮮的朱子學傳統。《論語》的生命力在這個地方就像汩汩流出的鮮血一般，強力且熾熱。

第二節　基督教

十字架與聖經的國家

那麼，直到剛剛都在談論儒教，但就像先前提過的，現在的韓國實際上的情形卻是一個基督教的國家。會這樣說是因為大略上來講，韓國人約半數都有信奉某種宗教，而這當中大約一半的人是信奉佛教，另一半的人是基督教，而基督教的人數還比佛教來得多，並且持續增加中。

基督教信徒人數眾多的這件事，只要是去過韓國的人不管是誰都會知道。會這樣說是因為在韓國的教會數量十分龐大，特別是到城市去的話，會在混雜的公寓裡頭看見十字架像是花圃裡的植物一般地密密麻麻豎立著的光景，而感到大吃一驚。到了夜晚，這些十字架會散發出燦爛的橙色顯得十分美麗。而且在這些教會裡頭，那群認真奉獻生命在祈禱上的人，他們的信仰會一直綻放到深夜為止。

基督教中也是以新教的信徒占壓倒性的多數，幾乎達到了舊教信徒數量的三倍人數。新教用韓語來說就是「기독교（gi-dok-kkyo）＝基督教」（這個詞彙也可指稱整體的基督宗教），或是稱之為「개신교（gae-sin-gyo）＝改新教」，而舊教則被稱作是「천주교（cheon-ju-gyo）＝天主教」，這在日本也是一樣。但「목사（mok-ssa）＝牧師」是新教的用語，「신부（sin-bu）＝神父」則是天主教的用語。而且「교회（gyo-hoe）＝教會」屬於新教用語，「성당（seong-dang）＝聖堂」則是屬於天主教的用語。

韓國有很多基督教信徒這件事，也就表示神父及牧師的人數也很多，而且被稱作是神學大學或神學院這類所謂的神學校也是為數眾多。在神學校的學習是非常嚴格的，從完全記住聖經內容開始一直到人格塑造為止，都要進行徹徹底底地鍛煉。因為是奉獻給神的生命，所以在天主教不得結婚及終生禁慾是基本原則。順帶一提，佛教在日本和韓國也不一樣，像日本那樣可以娶妻生子的僧侶，在韓國是不可能會有的。在這一點上，韓國比起日本更確實地在遵守著世界的標準。

以年輕人的信仰心為主題的電影，有權相佑主演的《緣分的天梯》（二〇〇四）。年輕人的宗教意識非常高漲也是韓國的特徵之一。如同前面提過的，一九九九年的某項調查中，有百分之六十五的青少年信仰某種宗教。在首爾搭乘地下鐵時，也看得到專心記誦聖經篇章的年輕人，這是與日本完全不同的光景。教會及聖堂之中，年輕人認真地進行關於信仰及政治的討論，同時他們也企畫出各種多采多姿，能令人歡欣鼓舞的大事以及社會服務的活動。這與學校及家庭不同，形成了另一種共同體。在神學校學習的學生中，有一絲不苟的青年，也有個性調皮愛胡說八道的年輕人，將來都會各自發揮出他們自己的個性，成為出色的神父或牧師。

天主教與新教

如同前面提過的，在韓國的新教信徒人數比起天主教是占壓倒性的多數。

原本基督教是以十八世紀時天主教傳入韓國為最初的官方正式記錄（非官方紀錄認為十六世紀末就已傳入），指的就是李承薰（一七五六－一八〇一年）於一七八四年首次在北京受洗，兩年後回到首爾創建教會的事情。在這之後，辛酉迫害（一八〇一年）、己亥迫害（一八三九年）、丙午迫害（一八四六年）、丙寅迫害（一八六六年）共四次，韓國朝廷對天主教進行激烈鎮壓，出現了數量龐大的犧牲者。

相較之下，新教是從被稱之為「開化期」的十九世紀末葉到二十世紀初期的這段時間深入韓國社會，特別是新教擔負起建設醫院及學校，引進「現代」的重責大任。名校延世大學、梨花女子大學的前身都是由新教教會所建立的學校。基督教信徒當中固然有在日本殖民時期從事親日活動的人，但推動抗日運動的人也很多，而且在解放後的反獨裁運動裡扮演了重要的角色。

「理的基督教」與「氣的基督教」

韓國的基督教為什麼會如此興盛的問題，有很多學者討論過。但為了用最簡單的方式來說明這個問題，就不得不先了解儒教的「理」及「氣」。「理」是道德性、原理、道德、理念、理性；「氣」是物質性、身體、感情、感性、利益（請參考二十九頁）。基督教世界觀的構圖非常酷似於「理／氣」世界觀的這一點，一定能夠找到基督教在韓國成功的最大理由。

這個國家的基督教信徒有兩種類型。一種是取代了儒教的「理」（仁義），孕育出作為全新水平性的「理」的理性信仰，這在抗日運動以及民主化運動中承擔了重要的部分。社會精英階級的信仰就是這種類型。相對地，另一種類型是吸收了巫教以及佛教，強化了靈魂的救贖層面並壯大起來。受到壓迫、在窮困生活中掙扎的平民信仰就是這種類型。

我將前者稱之為「理的基督教」，後者稱之為「氣的基督教」。

「理的基督教」以理性做為號召，將社會上「義」的實現做為第一考量。相較於此，「氣的基督教」則是將感性擺在前頭，把個人「救贖」的利益以及巫教中的靈性擺在第一順位。雖然做了這樣的區分，但是不能解讀成為是前者想要排除「氣」，而後者則是要與「理」進行對抗。理氣經常是不相離的，這只不過是表現出信徒所依存的思想基礎偏向這兩者之中的哪一方而已。

「道成肉身」（〈約翰福音書〉第一章第十四節）。基督教口中的「靈肉對立」，其原貌和「理」、「氣」之間的對立十分相似，韓國社會改革中「바꿔」（ba-kkwo，改變吧）的熱情就是起源於「不改變就會滅亡」的觀念。

儒教和基督教在這一點上可以說是渾然一體的。

「理的基督教」的典型代表，應該就是明洞聖堂以及金壽煥樞機主教。過去民主化運動方興未艾之時，就是以這間聖堂發揮了巨大向心力來展開的。金壽煥樞機主教在彌撒上說了些什麼，都成了國民最為關心的事情。明洞聖堂的所在地變成與國家權力對抗的庇護所、民主化運動家們的聖地。勞工運動的推動者也是在這間聖堂的土地上搭起帳篷、堅守不出。

相較於此，從「氣的基督教」出發，在規模上得到了最大成功的是純福音教會。我剛開始在韓國生活的時候，可能是因為生活水準在貧窮線附近的緣故，也經常被人們邀請來參加這間教會的活動。我去過好幾次他們在汝矣島的大教會，運用電子媒體的宏偉壯觀場面，實在令在場的人們情緒沸騰到了極點。

「或許世界上還有像朝鮮的基督教徒那般精通聖經的基督徒，但我一定仍然會對於和這樣的人們相會而感到高興」，就像會讓這位已經是二十世紀初的美國人脫口而出的那樣（柳東植，《韓國的基督教》，東京大學出版會，一九八七），不管是「理的基督教」或者「氣的基督教」，他們在教理上的純度都是非常高的。

第三節　佛教

朝鮮王朝時代的迫害

佛教大約是於三七二年傳至高句麗，接著於三八四年傳至百濟，新羅則最晚，直到五世紀前半才有僧侶從高句麗前來傳教，百濟還將佛教傳到了日本。另外，佛教在統一新羅時代達到了最高峰，從七世紀到八世紀這段時期內，出現了元曉（六一七—六八六年）以及義湘（六二五—七〇二年）這些具有獨創性的高僧。

高麗王朝也是個佛教國家，當時的佛教扮演著護國鎮護之法的角色，但是隨著十四世紀末朝鮮王朝成立而遭受到迫害。僧尼和白丁（受歧視人民）、才人、廣大、寺黨（這都是些演員、藝人）、巫師、妓生、抬棺者、掘墓者、奴婢等人同樣被視為賤民。

談到韓國佛教的特徵，可以舉出它有傳統護國佛教的強烈傾向，還有信徒以女性居多，以及如同被稱之為「祈福佛教」一般，有著祈求現世上利益的高度傾向等方面。如果去趟佛寺，就能夠看到女性信眾一邊五體投地一邊熱衷祈禱的模樣。

此外，以現在的宗派來說，雖然曹溪宗有着壓倒性的教眾勢力，但韓國佛教是以禪宗及華嚴宗為兩大支柱。韓國佛教會有這種特徵是源於朝鮮王朝於一四二四年時，將曹溪宗、天台宗、摠南宗這三個宗派合為禪宗，並將華嚴宗、慈恩宗、中神宗、始興宗這四個宗派整合成教宗，接著又於一五六六年廢除了這兩宗區別的緣故。在這之後，西山大師休靜（一五二〇—一六〇四年）以「禪是佛心，教是佛語」的概念，主張「禪主教從」後，韓國佛教便受到了「禪教一致」、「禪教雙修」風氣的支配。換言之，作為修行的禪與作為教理的華嚴二者合一後，就是這個國家的主流佛教。

韓國佛教的性格論

關於韓國佛教的性格有很多的討論。

江田俊雄（朝鮮佛教專門學校（現在的東國大學）教授，戰後為駒澤大學教授）大致上將朝鮮佛教的特徵整理出以下四點（〈朝鮮佛教要說〉，《朝鮮佛教史研究》，國書刊行會，一九七七）：

①教理或宗派上是單一的（禪教一致、禪教宗）同時卻又是混合的（與巫教及道教的雜揉）；②山林性（寺剎位於山中、峽谷）、觀光性（遊山探勝）；③隱遁性、非社會性；④民族性、國家性。然後還附帶舉出韓國佛教具有婦女性、咒術性、祈禱性、獨善性、自私性、消極性等特徵。雖說這些觀點大都還殘留、參雜著殖民地統治者的看法，但是以朝鮮王朝時代衰

微的佛教做為出發點的角度來看，當然也存在著必須如此定義的緣由。

其他像護國性、祈福性這種一般可以舉出來的韓國佛教性格，就如同之前提過的內容一樣。

然而不可以忘記的是，韓國佛教還存在著與這些特徵完全不同的強大性格。這就是「會」（通）的概念。譬如金瑛泰（東國大學教授）在其著作《韓國佛教史》（沖本克己譯，禪文化研究所，一九八五）中，舉出了作為韓國佛教性格的護國信仰以及現世利益思想，同時還強調教學層面上的「總和佛教」、「通佛教」的性格。「教學層面上，雖然接受了中國的教判[3]，但卻更進一步完成了綜合性的民族佛教，超越了小乘、大乘、一乘而形成了通佛教。揚棄了從一開始就分門別派、爭論不休的佛教並接受了整個大乘佛教的韓國佛教完成了綜合佛教、通佛教。也就是說，印度部派佛教[4]以來分裂化的歷史，以通佛教之姿加以統一的就是韓國佛教，而且還原封不動地發揮、實現了佛陀本人理想」。

具體上來說，就是新羅高僧元曉的哲學方法論和會、和諍了各法各宗達到「會通」（syncretic）的理論，這種融合的哲學就是韓國佛教的主要性格。也有很多人認為後代的禪教

3　譯註：即教相判釋，佛教術語。指的是判別解釋佛陀一生言行教法的相狀差別。

4　譯註：是指釋迦牟尼佛涅槃後，從上座部與大眾部的「根本分裂」到大乘佛教興起前的這段時期，佛教僧團所形成的各個部派總稱。

一致以及佛儒一源等思想所具有的融合傾向就是從這種「會通」的性格而來。

談到個人的回憶，八〇年代我身處於韓國思想界的時候，高聲主張這種「會通」理論宛如就是拯救世界於萬難的萬能普遍哲學的人，真是多如過江之鯽。老實說，筆者我也無法抵抗這種「會通哲學」的魅力，有段時間深深地沉迷於其中。

對這個會通理論進行嚴厲批判的是沈在龍（首爾大學教授）。他在論文〈韓國佛教是會通的嗎？〉（一九八八年發表，後以〈韓國佛教研究的一個反省——韓國佛教是會通的嗎？〉收錄於一九九〇年出版的《東洋的智慧與禪》）一文中，發現「韓國佛教是會通性的」說法起源於殖民時代的碩學崔南善（一八九〇—一九五七年）之口。

「對於印度及西域的緒論佛教，還有中國的各論佛教而言，朝鮮是最後的結論佛教」，留下此一知名論點的崔南善認為元曉的「通佛教」是朝鮮佛教的最高峰，元曉以後的朝鮮佛教也全部都是會通性的（崔南善，〈朝鮮佛教——東方文化思想中的地位〉，一九三〇）。繼承了崔南善的定義，「會通」、「圓融會通」於一九七〇年代被當成是韓國佛教的歷史特徵而廣為宣揚。八〇年代時，不只是韓國佛教，另外在全體韓國人的融合精神、愛好和平精神、寬容精神的意涵上也都利用了這種概念，沈在龍認為這才是問題所在。也就是說，「會通性」的概念被視為韓國文化的一般性格，而非特殊的歷史產物，而沈在龍指出這種看法是錯誤的，認為應該要適當程度地去理解韓國佛教中華嚴宗方面的傾向。沈在龍在《Korean Buddhism: Tradition and Transformation》（Jimoondang International，一九九九年）中也提出了「the “Syncretic

Issue" in Korean Buddhism」的問題，更指出崔南善的這種主張，與殖民地時代的著名學者高橋亨定義「朝鮮人的思想特性」是「固著性及非獨立性（並沒有產生中國思想之外獨自的創造性思想）」（《李朝佛教》，國書刊行會，一九七三），兩者形成了一種對稱性。

殖民地統治者的定義以及與此對抗的朝鮮人、韓國人的自我肯定說法，這兩者都嘗試著去克服過度的本質主義，但仍未到達可以看見一定成果的境界。

第四節　巫教

復甦的巫俗

朝鮮的巫教被稱之為「巫俗」，雖然傳統上飽受鄙視，但是他們的勢力卻完全沒有遭到削弱，在這三十年來反而呈現出影響力增強的態勢。其背後因素可以列舉如下：對「巫堂」（무당，mu-dang，巫師）的歧視程度減弱；對於傳統文化的看法有所改變而使得巫堂被評估成為文化遺產；還有知名巫堂活躍於大眾媒體上，凝聚了相當高的人氣等方面。但從根本上來說，現代化及都市化過程中，人們不安心理的擴大才是重要的一個因素。而且巫俗的信仰者幾乎都是女性。

巫堂（男性巫師則被稱之為박수，bak-ssu）舉行被稱作為「굿」（gus）的巫儀，向死靈、

祖神、山神以及其他各式各樣的神明及亡靈獻上祈禱。透過「굿」與死者溝通的通靈術也十分盛行，最大的特徵就是無論服裝、音樂、動作全都充滿動感且華麗，像是在演戲一般。他們身穿不像是這個世界的華麗服裝，配合著隆重的音樂讓身體激烈地上下擺動，像是進入出神狀態般地一邊跳著舞蹈一邊繼續進行巫儀的流程。此時還會讓紙錢像花朵一樣地在空中飛舞，兼具濃厚的現世氣息。在舉行正式「굿」的時候會花費數百萬韓元，大型的巫儀還可以花掉數千萬韓元，但為了安撫死者的靈魂以及追求現世的利益，不惜耗費巨資的女性很多。現在也還聽得到從巫師住家或深山裡頭每天毫不間斷地傳來熱鬧的巫儀聲音。

首次對這種巫俗進行系統性研究的是殖民時代的日本學者，京城帝國大學教授赤松智城、秋葉隆共同撰寫的《朝鮮巫俗研究》（大坂屋號書店，一九三八）就是這領域最重大的成果。

一九三八年發行的這本書，有段時間成了我的愛書。特別是上卷收錄的「巫歌」，也就是巫師吟誦的神曲及祝詞，在基層的土著信仰之上覆蓋了儒教、佛教及道教的色彩並渾然合為一體，呈現出不可思議的世界。這本書還收錄了〈鉢里公主〉（被丟棄的公主）的故事，這是韓國巫師的起源傳說，現在巫女們也還在巫儀當中一直持續地吟唱著這篇悠久的故事。

第十章

韓國人的空間

兩種空間

踏上韓國的土地之後，從一開始的那一瞬間起，就感覺到了有某種與日本不一樣的「空間感」。

譬如抵達仁川機場後，就只有寬敞，像是那種會讓人感到自我放逐的遼闊程度，而且還是空盪盪的。

這種空間的掌握或許是受到了美國的強烈影響。

韓國公寓（日本稱之為大廈）也是每一戶都比日本的來得更為寬敞，四人家庭偏好於居住在大約二十五坪到六十坪之間的房子，也有一戶上百坪的公寓。

不過傳統的韓國房屋卻不是如此寬敞。在看過被稱作是「韓屋」的朝鮮王朝傳統房屋後，就會了解它的房間實在是很狹小，甚至小到有日本茶室的「躝口」是仿效朝鮮時代房屋房間入口的說法。

雖然進行這種物理性空間概念的日韓比較也很有趣，但本章主要是想談談思想上或是文化上的空間概念。

對於深刻了解韓國文化及社會的人來說，容易注意到韓國的文化及社會好像有種「雙重性格」。第一章談到過的「理」、「氣」雙重性是一種表現方式，但也可以用完全不同的表徵來呈現。

本章首先會舉出這種雙重性的幾個具體案例，並且接著逐漸地深入到思想等級的層面，來討論這種雙重性的意義。

韓國有「兩種種類的空間」。這種曖昧不明的語意，我們來試著讓它稍微變得能夠明瞭清楚地理解吧。

第一節　雙重性的空間

「陽的空間」與「陰的空間」

在韓國有「陽的空間」與「陰的空間」的區別。

在韓國的傳統房屋內，與日本最大不同的一點就是房間有著完整的性別之分。也就是說，有男性房間以及女性房間。雖然在寬敞程度上並沒有太大的差別，但女性房間的各式家具很多，而且坐墊及棉被的顏色也是非常鮮艷，以紅色與藍色，或是紅色與翠綠色為基礎色調（秋岡芳夫，〈風俗習慣所孕育而出的生活用具之美〉，《別冊太陽　韓國民間藝術探訪》，平凡社，一九八七）。

男性的空間是「陽的空間」，女性的空間則是「陰的空間」，使用鮮豔色彩的女性房間屬於「陰」。

這當然是從男女有別的儒教基本思想中所衍生出來的「內外思想」（明確地區分男女、夫婦的想法）所導致的結果。

「陽的音」與「陰的音」

「陽的空間」與「陰的空間」的區別也經常以聲音來表現。

這就是母音的世界。

韓語的發音有陽母音與陰母音的區別。

這兩種母音的區分方式，根據見解的不同而有數種。陽母音數目較多的區分方式，是將ㅏ、ㅐ、ㅑ、ㅗ、ㅚ、ㅘ、ㅛ等七個母音當成陽母音，而這七個母音以外的所有母音則是陰母音。另外還有把ㅣ當成是中性母音的分類方式。

不過在現代韓語用言[1]的活用上，只會認為ㅏ、ㅑ、ㅗ這三個是陽母音，而其他的則為陰母音。

韓語還具有母音調和的現象。

1 譯註：從文法上的性質來對單字進行分類後的一種稱呼，指的是獨立詞中具有活用用法的字詞，一般包含了動詞、形容詞、形容動詞三種。

譬如組合單字時都是遵循「母音調和」的法則：就是統一使用陽母音來組字，或者統一使用陰母音來組字，這種特徵在古老的詞彙中特別顯著，但也有很多遺留至現今的詞彙。

這種情況下，陽母音有著「小、少、弱、明」，而陰母音是「大、多、強、暗」的特徵。

而最能明顯表現出這點的就是色彩的表現方式。

即便同樣是「藍色」的意思，陽母音的「파랗다」（pa-ra-ta）就是鮮豔明亮的藍色，陰母音的「퍼렇다」（peo-reo-ta）則是帶有濃厚深鬱的藍色語感。感覺上就好比前者是秋高氣爽的天空顏色，而後者則是冬天日本海的顏色。

又譬如韓語當中有「구수하다」（gu-su-ha-da）與「고소하다」（go-so-ha-da）兩個單字，都是「香噴噴」的意思，但由於前者是陰母音，所以是一種讓人會有「大的感覺」的詞彙；後者則因為是陽母音，所以是有「小的感覺」的詞彙。而說到這裡講的「大的感覺」以及「小的感覺」在具體上是什麼情形，「구수하다」就像是「숭늉」（sung-nyung，一種在鍋巴裡頭倒入湯汁飲用的食物）的香氣，而「고소하다」就像是「깨」（kkae，芝麻）、「참기름」（cham-gi-reum，香油）的芳香。

另外，「구수하다」也會用在人的身上，在日本來說就是用來形容笠智眾[2]那種人的風采，以及他那種語調上難以言喻的質樸有趣。相較於此，「고소하다」就是譬如討厭的人在路上跌倒的時候，會用「摔得好，고소하다（大快人心）」。

陽母音與陰母音的這種差別，由於在世界觀、感情及感覺上具有微妙不同的意義，因而造成了決定性的差異，產生出無限的趣味。

換言之，「陽的空間」與「陰的空間」會因母音種類的不同，被加以分類及理解。

「理的空間」與「氣的空間」

接下來，與以上「雙重性格」有著深厚關係的就是第一章提過的「理」與「氣」的雙重性。

這並非是「理」與「氣」二分法的世界觀。世上所有的存在都百分之一百具有「理」及「氣」。而那一面表現得比較強烈，就形成了「理的空間」或「氣的空間」。

譬如正式地來說，嚴謹的空間是「理的空間」，而毫無隔閡、容易親近的空間就是「氣的空間」。如果混淆了這兩者，那可是要大吃苦頭了。

用語言來決定對錯

「따집시다」（tta-jip-ssi-da）這種不可思議的表現方式，存在於韓語之中。直譯的話就是「我們來辯論吧」。「따지다」（tta-ji-da）是「詰問」的動詞，「—ㅂ시다」（b-si-da）是「提

2 譯註：生於一九〇四年，卒於一九九三年，是日本的電影演員。特徵在於帶有濃厚的熊本口音，因而帶給人們質樸木訥的感覺，在當代演員中獨樹一幟。

案、勸誘」的語尾表現。當感到對方的言行和自己身處的立場、狀況是無可挽救地不能調和的時候，韓國人就會說出這句話，「你和我到底哪邊才是對的，就讓我們辯論到最後來決定吧」、「我要讓你徹底了解我身處的立場是有多麼地嚴重」，「따집시다」這句話就包含了這種意思。因為正式地來說是依照「理」的多寡來決定勝負，所以這是一句典型「理的空間」的話語。

韓國持續了五百年之久的歲月都是一個儒教的國家。儒教社會並不是一個靠著武器打仗來決定對錯優劣的社會。而是徹底以道德及言論來主張自己的正當性，並透過糾正對手的錯誤來決定事物的社會。因為有著這種的風俗習慣，所以「따지다」才成為為了守護自我立場，具有決定性的重要行動。韓國人執著於「따지다」的驚人程度，不是武士之國的日本人可以輕易理解的。

但是在日本，也往往有「따지다」改變歷史的事情發生。

京都方廣寺中有座豐臣秀賴所鑄造的梵鐘，鐘上銘文刻有「國家安康」字樣，但這被德川家認為是想分割「家康」而進行「따지다」，並且成為大坂冬之陣的開戰藉口。這是一個相當有名的故事，而這個巧妙的「따지다」就是幕府所雇用的儒者林羅山（一五八三—一六五七年）的想法。這完全就是朱子學者風格的「따지다」作法。

韓國的儒者也有人會使用這種手法，譬如趙光祖（一四八二—一五一九年）。他雖然是朝鮮王朝時代的代表性改革士大夫，但他會垮台並獲判死罪的原因之一，就是樹葉上刻有「走肖為王」的字樣。

趙光祖得到中宗（在位期間一五〇六—一五四四年）極大的信任，以新興的士林派[3]領袖之姿在中央政界行使權力。他傾注心力從事的就是毫不留情地鎮壓那些試圖拚死維護既得利益的動舊派。被逼到絕境的動舊派使出的就是樹葉戰術，在樹葉上用蜜汁寫下「走肖為王」字樣，誘使蟲子啃食。因為「走」加上「肖」就等於「趙」，所以中宗在看到被蟲子啃食成「趙為王」的字樣後，大為動搖且極為憤怒。動舊派馬上就在中宗的耳邊進讒言，指稱出現了「趙光祖想要篡奪王位」的流言。腦中一片混亂的中宗對趙光祖進行「따지다」後，對趙派人士發起了毀滅性的鎮壓行動，趙光祖本人也在流放後被賜死。這場慘烈的黨爭被稱之為己卯士禍（一五一九年）。順帶一提，《大長今》的舞台就是在這場士禍之後呈現一片混亂的朝廷。

儒者與老子

最近的學生能接觸到「第一手」韓國人的機會很多。尤其是我過去曾服務過的大學，充實了赴韓留學的制度，而且從韓國來的留學生也很多。只要有意願的話就能與韓國人交朋友，進而能夠學習到「第一手」的韓語、「活生生」的韓語。

3 譯註：朝鮮王朝中後期的朋黨，用以對照協助世祖（在位期間一四五五—一四六八年）登基的動舊派。始祖為理學家吉再，培育出知名學者金宗直。成宗時邀請金宗直及其弟子擔任官職藉以對抗動舊派，引發雙方黨爭。

在這種時代裡頭，還在教室內教授「ㅂ니다（b-ni-da）／습니다（seum-ni-da）」[4]的語尾，是會被學生討厭的。這種生硬的正式語尾，也就是「理的空間」的詞彙，實際上是不會在日常對話中使用的。和成為朋友的韓國留學生交談時，使用這種語尾是會被嘲笑的，應該要教他們更為淺顯、一般的日常會話，也就是「氣的空間」的詞彙。

所以對日本學生來說，「반말」（ban-mal，半語，意指非敬語）以及對等人際關係中使用的代名詞，這些年輕人特有的表現十分受到歡迎。即便教導了他們正確的遣詞用字，但他們還是會不經意地脫口而出朋友之間的口語表現。每年都會有大約二十名學生被帶去韓國的大學進行為時一個月的語言進修，雖然是在對方大學的校長面前做自我介紹，但他們還是會說出「나는」（na-neun，俺）或是「내가」（nae-ga，我）這類半語，讓人十分困擾。

韓語中要表達「是」這種鄭重肯定的回答時，有「예」（ye）、「네」（ne）兩種說法，而「예」比「네」來得更為慎重。除此之外還有「응」（eung）這種表達肯定的粗略回答。這些字在使用上必須非常小心，因為一旦搞錯就會對對方十分失禮。「예」是正式的「理的空間」的回答，「응」是非正式的「氣的空間」的回答。

但是學生們對這些區別卻是出乎意料地毫不在意。這或許是因為只有進行過朋友之間的交談，或者是認為不管是什麼樣的人都用和朋友之間的對談方式就好了，大概是這兩種原因的其中之一吧。

《老子》第二十章中有一節是這樣說的：「唯之與阿，相去幾何？」（回答「是」與回答

「嗯」之間，又有什麼差別呢）。儒者聽到之後會暴跳如雷的這句話，才是蘊含了老子思想的真正精髓。現代日本的年輕人們大概是有讀過《老子》吧。但是在儒教的韓國，把「예」和「응」摻雜在一起來說話，可是不會受到原諒的。

第二節　雙重構造的結構

男／女的雙重構造

韓國社會或文化的雙重構造，最初是由是秋葉隆（一八八八—一九五四年）所提出的定說。秋葉隆在擔任京城帝國大學預科講師時，曾於一九二四年前往德國、英國、美國留學。之後在京城帝國大學，致力於以朝鮮、滿洲（中國東北）的薩滿信仰為中心的研究，還曾經對大興安嶺北部的鄂倫春族進行過調查（這次實地考察的助手是泉靖一）。

在他的著名論文〈村祭的雙重組織〉（一九三三）中，秋葉隆認為在西方文明傳播過來以前，「朝鮮的社會大體上可以理解成以女性為中心的巫覡古文化承載者，與男性本位的儒教新文化支持者之間的雙重組織」。雖然這篇論文中的分析對象是村祭，但他在其他論文中還指出

4 譯註：句子後面的終結語尾，表示一種尊敬的語氣。類似日文中的「です」、「ます」。

不僅止於村祭，就連家祭也是由雙重組織（dual organisation）所構成的（《朝鮮巫俗的實地研究》，名著出版，一九八〇）。

儒教／巫俗的雙重構造

在解放後的韓國，自發性地重新檢討秋葉隆雙重組織論的是文化人類學者崔吉城（一九四〇年—）。

崔吉城將秋葉隆的見解定義為「男／女所構成的雙重組織」，在舉出沿襲此一「男／女雙重構造」論的研究者是肯德爾（Laurel Kendall）及重松真由美之後，他認為這個「雙重組織論應該從源頭來進行檢討」（崔吉城，《韓國的薩滿教》，弘文堂，一九八四）。

的確如此，並沒有辦法直接下結論說，就是由於儒教的傳入及滲透，才讓韓國社會變質成為「男／女的雙重構造」。

由於「女性＝不淨」的這類概念在儒教文化深入民心之前就已經存在了，所以會認為底層部分已經有男女的序列二分化也是自然而然的。秋葉隆也曾指出，「男女有別」的想法在儒教傳來之前就已經存在於韓國。將原本就是男性與女性這種全世界共通的二元對立概念，原封不動地直接與雙重構造做成連結的想法，或許是過於單純了。

此外，雖說是雙重構造，但原本就沒有父系原理與母系原理兩者並立的意思。秋葉隆在一九三四年的〈朝鮮巫家的母系傾向〉這篇論文中提到，巫家的神母與神娘的關係是種「宗教性的母子」關係，同時「宗教性的母系關係決不是所謂的母系系統」，這是一種「擬制的母系」而非真正的母系關係。接下來他又提到：「難道在今日朝鮮半島上的某個地方，沒有真正母系傳承下來的巫職世襲傳統嗎？我認為這是將來有待解決的問題，但仍未能接觸到足夠的資料。」由於這段文字未經修改就又收入了一九五〇年所撰寫的學術論著《朝鮮巫俗的實地研究》中，看來秋葉隆最終還是沒能發現到「真正的母系」。

崔吉城雖然介紹了張籌根、柳東植、李杜鉉等人的見解，但他認為這些看法全都是在主張「更為原始的村祭是巫俗性且男女混雜性的。這種情況因為儒教而被男女性別化」。然後作為崔吉城本身的結論，他認為巫俗「即便看起來像是以巫女及女性為中心，但儀禮上是男女混雜性的。在延續這種信仰的過程中，傳入了男性中心的排他性儒教，因而成為雙重構造」。韓國社會「相較於被視作是男女性別的雙重構造，不如認為是儒式與巫式的雙重構造的看法會來得更好」。

然而，要斷定秋葉隆的見解是「男／女所構成的雙重組織論」是毫無道理的，因為秋葉隆自身也是一片混亂。換言之，如同前文提及的，雖然秋葉隆的確說過「以女性為中心的巫覡古文化承載者，與男性本位的儒教新文化支持者之間的雙重組織」，但同時在朝鮮村祭的問題上卻提到，「一方面在（作者註：與性別無關）看到依恃巫樂之處的古老Korumegi（作者註：原文為韓文）的同時，在另一方面亦有採取男性本位儒教儀禮的新式『洞祭』」。

秋葉的論文就像這樣，主張「男／女雙重組織」的同時，也認為有「巫俗／儒教的雙重組織」，而且「朝鮮社會的構造」可以說是「在巫覡道的本來面貌上穿上了儒教的外衣」。而且他認為村祭中儒教儀禮風格的洞祭也是「以一層古老的巫俗文化為根基，又或者只不過是僅僅破壞古文化的一部分，再將儒教儀禮的形式引入其中」（這種類型的想法，崔吉城稱之為「二元性起源說」，並指出其中具有許多問題）。

換言之，秋葉隆也早已主張，韓國所謂的「基層—古層」是巫覡的文化，並新引進了男性中心儒教文化的這一層。

然後關於此一雙重性與階級秩序之間有關聯的這一點，秋葉隆解釋說這「將現代朝鮮社會從表面地、上下地截斷成為一種雙重組織（dual system）」。也就是說，將朝鮮社會階級性地分化成為「身為儒教文化承載者的上層階級」與「身為巫覡文化承載者的下層階級」（秋葉隆，〈朝鮮的婚姻型態〉，一九三〇）。

從對立到互補

但是很有意思的事情是在秋葉隆的田野調查中，儒教式的洞祭以及巫俗性的祭祀之間，我們看到了時而「排他性」且「游離獨存」、時而「對立性的並存」、又時而「互相結合」等這些各式各樣的面貌。某個村落會只有巫事而沒有儒教儀禮式的洞祭，某個村落又只有男性本位的洞祭而沒有巫覡主導的村祭，又有某個村落是男性的儒禮洞祭與女性的巫式「都堂祭」並存且互相對立。換言之，雖說是「雙重組織」，但實際上祭祀的型態是多樣化的。

然而最重要的事情是，像上述的這些型態反而是相當稀少的，最為常見的是「兩種村祭在某種程度上往往互相結合在一起」，也就是說不管是儒式洞祭還是巫女主導的巫儀，都不是對立的，而是採取了並存的型態。秋葉隆指出了這一點。

換言之，儒式文化是新來乍到的這點無庸置疑，而在對村落進行教化並深入其中的過程也是各式各樣的。可以說雖然在地區文化上的主導權情況也是多樣的，但在大多數的場合中，古老的巫俗文化與全新的儒教文化與其說是排他性地相互對立，不如說是在經過長時間歷史的摩擦之後，彼此互補地並存下來。

這個情形也在對待死者的態度上呈現出來。韓國社會是生者與死者一同生活的社會。活著的人該如何對待死者的問題，與雙重構造論有著直接的關聯。

擔任高麗大學校長的洪一植（一九三六年—）認為韓國人的孝道思想「不能說是出自於儒教」、「在儒教的孝道思想傳入之前，我國就應該已經有稱作是孝道思想的概念了」（高橋萬里子譯，《二十一世紀的韓國民族》，東京新聞出版局，一九九七）。

如同這種說法，韓國人經常會說他們存在著與儒教孝道不同的本土的「孝」的概念。崔吉城也認為「『孝』並不是儒教的獨占品。巫俗裡頭也有孝道的觀念」。

崔吉城認為儒教的孝道是父系制的孝，相對地，巫俗的孝道就如同代表性巫歌〈缽裡公主〉神話中所看到的一樣，是女兒對待親生父母的行為。而且將這情形當成是女性、巫俗對抗父系制、儒教的「鬥爭」的看法並不正確，他認為儒教的「父子」構造與巫俗的「父女」構造是「互補的」。

這是非常具啟發性的意見。在儒教的祖先崇拜中，被當成是「祖先」來祭祀的對象有非常嚴格的限制。對於超出這個範圍的亡靈（未婚死者、事故死者、客死他鄉者、自殺者等非壽終正寢的人），在儒教裡是不會舉行祭祀儀式的。透過巫俗喪禮進行的慰靈鎮魂儀式，我認為這也不該看成是對儒教式祖先崇拜的鬥爭或是對抗，而是補充的看法會比較好。

二元對立的情形

因此，以上的雙重構造論可以用「男性中心—儒教—漢字」文化與「女性中心—巫教—韓文」文化的簡式來說明，並且理解成為廣泛的韓國社會雙重性。

確實，在觀察韓國社會之後，上述二元對立的簡式就十分引人注意了。

這在韓國國粹主義思潮底下也是一項重要的對立關係，不過一旦變成什麼才是最具有「韓國性」精髓的這類討論，一定會演變成「是儒教」、「不，是巫教」或者是「是漢字」、「不，是韓文」這種永無止盡的論爭。

除此之外，能形成這類二元對立簡式的還有「高級文化／低俗文化」、「兩班／常奴（平民）」、「理判／事判」[5]、「聖／俗」、「體制／反體制」、「傳統／現代」、「親日／反日」、「理發／氣發」、「內／外」等，實在是五花八門，韓國社會真的就像是由於二元對立構造才得以在龜裂中成立的那樣。

而且我深信，屬於這類二元對立其中某方陣營的勢力，是根據雙方全面性地對立及鬥爭的狀態來決定的。具有對立性確實是千真萬確，但是從雙方的外圍眺望它們之間的關係時，從中看到的卻不光只是如此，還存在著互補的關係。

而在此具有啟發性的是將理與氣的關係定義為「二而一、一而二」的李栗谷（一五三六—一五八四年）。這種關係我過去曾以「interdependent（互相依存的）且interindependent（互相獨立的，自創語）」來表現。不管用了什麼詞彙，對於這種雙重構造的架構進行更詳細的檢討，在社會學和哲學上都是相當重要的事情。我甚至可以斷言，不了解這種架構就沒辦法了解韓國。

5 譯註：朝鮮僧侶的兩種類別。參禪講經、修道弘法的僧侶被稱為是「理判僧」。而營產立業、處理雜務的則是「事判僧」。

第十一章 韓國人的時間

前現代、現代及後現代的雜拌飯

在第六章中，曾說過韓國人的人際關係是「語言的世界」與「無言的世界」的石鍋拌飯狀態（即混雜成一團，參考一二三頁），而在韓國連續劇中形成了另一種石鍋拌飯狀態的就是「premodern」（前現代）、「modern」（現代）、「postmodern」（後現代）三種時代精神。

「前現代」是看重親族間紐帶聯繫的儒教世界觀，在今日社會中仍然強勢。

「現代」是一種以民族國家為單位來考量事物的世界觀，而這種世界觀在韓國仍具有力量，這是因為與北韓的統一仍未能達成的緣故。他們對於完成統一，想要建立起一個完整民族國家的憧憬及義務感非常強烈。而且民主化也是一個具有強烈現代性格的課題，「市民」主導的社會改革力量十分強韌這一點，也是現代的時代精神。

但這樣的韓國在近年來，隨著消費文化加深，急速地像是日本那樣地「後現代」化了。相較於家族、地區共同體以及國家中的自己，想要更重視個人存在的人迅速地增加。雖說是個人，但並不是將現代類型的「主體性」、「自我認同」及「理性」擺在前頭，而是在符號汪洋之中隨波逐流的類型增多了。孤絕於單身公寓之中的人數劇增，熱中於網路世界而斷絕真實人際關係的「廢人族」也變多了。

在一齣齣的連續劇或電影之中，這三種世界觀簡直就像是石鍋拌飯那般混雜成一團。

年輕人在充滿時尚感的「近未來」餐廳中約會（現代及後現代），回到家後則是父親輕咳一聲高高在上的儒教家庭（前現代），母親切好水果一邊吃著一邊不停地對兒子的未婚妻評頭論足（前現代），但兒子卻沒辦法反駁（前現代）。弟弟去從軍（現代），而自己則是從事最先進的音樂相關工作（後現代）。

因為世界觀混淆成一塊才具有魅力。對日本人而言，戰後已經棄置不顧六十年以上的前現代世界，以及達到高度成長期之後變得過時的現代世界，還有從七〇年代末期之後一直持續至今，已經讓人厭煩的後現代世界，在韓國的連續劇及電影當中以新鮮的形貌一起被看見。

試著想想，由於這種時代精神的石鍋拌飯狀態蔓延到了現今的東亞各地，在這層意義上，韓國的連續劇及電影會有吸引力或許也是理所當然的。

而且日本人會從韓國的作品之中感受到魅力的這件事，可以說是日本與東亞文化圈的融合、混合化的第一步。

第一節　延續，還是斷絕？

日本的延續與韓國的斷絕

將日本與韓國放在世界中來看的話，這兩個國家非常地接近，人們很相似，街道也頗為相像。雖然這兩個國家非常相似的這點是無庸置疑的，但果然彼此之間仍存在著某種不協調的感覺。這當中延續了什麼？而又斷絕了什麼？這種意識上的差別大概就是關鍵之一。

譬如，在日本這一邊有什麼是被延續下來的呢？大概從江戶時代以後，就有商號或家傳商鋪的延續性觀念，或者是店內販賣的包子味道、布匹的質地及顏色，一代代小心翼翼地傳承下來的情形。然而這樣的感覺在韓國卻是非常的淡薄。兩國在這點有著相當大的差異，日本人去到韓國之後，都會對這一點感到十分驚訝。

大約兩年沒去過韓國，或許就已經搞不清楚韓國的事物了。就像這句話所說的那樣，韓國的變化十分劇烈。建築物平地而起，又消失不見的轉變也是相當驚人。此外，店鋪、企業，或是坐擁某種地位者的臉孔，這些在經過兩、三年之後也會完全變了個樣。換言之，相較於日本，韓國十分缺乏延續性。

韓國也是以非常驚人的趨勢在邁向高齡化。但是據說韓國的上班族到了四十幾歲後，就會考慮自己何時應該辭職，在韓國幾乎看不到五十歲以上的公司職員。韓國人大體到了四十幾歲後，就會認為在這間公司難以有所成就而一下子就提出辭呈。會做到五十幾歲的公司職員，除了主管階級之外幾乎不存在。也就是說，從對公司忠誠度的意義上來看，是相當地糟糕、毫不留情，充滿斷絕的意識。換言之，比起一直緊抱著不認同自己的公司，還不如到其他公司去求發展，或者是想靠著自己創業成為金總經理、李總經理。

他們這種意識非常地強烈。所以韓國人來到日本之後最感訝異的是，居然有這麼多持續了百年以上的老店。為什麼能延續這麼久呢？為什麼要延續這麼久呢？既然能夠延續下去，那就意謂著這間店或公司應該有賺到錢。公司的情況就算了，店鋪的話，賺到了錢就早早把店收了，去做其他事情不就好了嗎。

而所謂的其他事情，具體上就是讓兒子學到一技之長並且成家立業，老了之後讓兒子奉養就好了。他們的想法就是這樣。這種觀念直到現今依然根深柢固。在歐美相當活躍的韓國籍芭蕾舞者、音樂家或是運動選手，仔細一看大多都有父親緊跟在旁。

雖然日本也有這樣的父親，不過他們會說「我也很重視自己的工作及公司，雖然你非常認真地在從事古典芭蕾，但我的人生是我自己的」。韓國則不會有這樣的感覺。

「商鋪」的概念在韓國受到非常嚴重的歧視。譬如說烏龍麵店或書店之類，所有從事店鋪生意的行業在韓國通通都做不長久。雖然也是由於「老店」這種概念本身就不存在，但在韓國大約只要存續三十年左右就讓人覺得這是一間出色的老店了。因為有這樣的感覺，所以賺到了錢就會馬上把店收起來。因此，兩年前去過的店家，下次再去就已經找不到之類的情形十分常見。他們賺錢賺到某種程度後，就會在那個時間點洗手不幹，不留痕跡地消失得無影無蹤，所以味道沒辦法傳承下去。但是韓國人卻對日本人為什麼要讓這麼賺錢的店鋪持續下去這點抱持著疑問。所以在這一點上，日本是壓倒性地「延續」，而韓國則是「斷絕」的。

另外，例如韓國的革命思想是從中國傳入的。政權隨時都可以推翻掉，有著政權交替的活力。政權一旦交替，就會將先前的政權徹底地抹黑。不過在日本卻有「只要船上有裝載《孟子》這本提倡革命的書籍，從中國來到日本的時候就一定會遇難」的傳說。日本的政權或許有著令人眼花撩亂的更迭，但天皇萬世一系卻不曾有所改變。不過對韓國人而言的話，日本萬世一系的天皇制是非常「不文明」的系統。他們認為金氏王朝之後接著是李氏王朝，再來是朴氏王朝，這樣才叫做文明。不過在日本的情況中有著沒有姓氏的天皇，從古代就一直延續至今，很多韓國人都對此有著這是毫無道理、無法理解的系統的印象。

韓國的延續與日本的斷絕

因此就要說韓國是否一直都是這種斷絕思想的話，卻又絕非如此。

相反地，韓國會一直延續下去的是「男性系統的血脈」。關於血統，韓國有著徹底的延續思想。

在韓國的情況中，養子這種概念基本上是不存在的。而日本的情況裡頭，作為家業、祖業的家族職業，例如是包子店就會將包子一代一代地傳承下去，或者是要讓這種味道延續下去。這是一種將「家」以及味道與「天」連結起來的「天職」概念。而且負責傳承的人並非源出同一血脈也無所謂，從外面引進血緣不同的男性也完全沒有問題，在韓國是不可能會有這種清況的。

韓國並不是完全沒有養子，譬如就有從與金先生同一血緣的金姓堂兄弟那裡過繼而來的事情，但除此之外的情況就不可能存在了。因此，關於男方的血統，他們認為徹底的存續性是非常重要的。這是儒教的思考方式，而從這樣的文化去評斷他人，日本社會可以為了自己在經濟上的利益，卻踐踏了人類必須最為珍惜的血緣關係，這種系統是非常骯髒的。總而言之，他們認為這是功利的。

由於這個系統在殖民時代被日本帶到了朝鮮，所以看到這個系統的朝鮮人都會訝異於這是何等「野蠻」的系統。果然韓國與日本之間在文化上有著相當大的差別。

看待歷史的角度不同

因此看待歷史的角度也明顯很不一樣。韓國人經常會說：「為什麼日本人不會譴責過去呢？」對過去進行譴責，以儒教的意思來說，就是透過毀譽褒貶的「春秋筆法」，一定會賦予何者為惡、何者為善的善惡價值判斷，並以此來撰寫歷史。他們認為這樣的歷史觀才算是文明。日本這種「死者皆可成佛」的歷史觀，以儒教的意義來看，他們認為這是相當野蠻的。

第二節　時代精神

朝鮮王朝與韓國

八十九頁中曾提過韓國人的強烈「文化意識」是歷史所形成的，主要是根據儒教所規定的文明＝文化觀。

這裡最重要的是「現在的韓國」與「朝鮮王朝」之間的關係。

不管意義上的好壞，現在的韓國有很多地方都是從「與朝鮮王朝之間的延續性及斷絕性」的脈絡之中來認識及描繪的。換言之，現在的韓國是藉由朝鮮王朝來定義自己的意義。

譬如說，《東亞日報》的評論員金忠植先生，便說反對「竹島日」條例案（島根縣提出）[1]的韓國人，與過去朝鮮王朝末期反抗日本殖民化的「義兵」是相同的（《朝日新聞》二〇〇五年三月二十四日）。認為帝國主義時代與二十一世紀的現在是「相同的」的這種說法本身，雖然也有人不同意，但這個看法可以說代表了大多數韓國人的意識。

總而言之，在韓國人的歷史意識中，無論是現在還是朝鮮王朝時代，都是以連續性或同時性來理解的。

另外，這種歷史意識並不會隨著時代更迭而褪色，這在筆者先前的文章〈「朝鮮化」的韓國〉（收錄於《韓國，被撕裂的世界》，平凡社，二〇〇一）有詳細論述。但韓國在一九九〇年代以後，強力地提出「回歸朝鮮王朝」的方向性。韓國人當中也存在著對此有意見的人士，譬如權五琦（前東亞日報社長、前副總理暨統一部部長）便指出，從金泳三到盧武鉉的韓國政治與「（朝鮮王朝的）原形一模一樣」（權五琦、若宮啟文，《韓國與日本》，朝日新聞社，二

1 譯註：由島根縣根據條例所制定的紀念日，定為每年的二月二十二日。竹島／獨島是座位於日本海中央的火山島，距離韓國鬱陵島約九十公里，離日本隱岐諸島則為一百六十公里，該島的領土主權之爭一直以來都是日韓兩國的敏感問題。

〇〇四）。

反映出韓國的這種狀況後，那麼該如何去理解「朝鮮王朝」便顯得更為重要。譬如日本在考察現代日本的時候，該如何去理解經歷西方衝擊之前的「江戶時代」，便是一項非常重要的課題，而在韓國的情況裡，「朝鮮王朝」的重要性更勝於此。

傷痕累累的現代

如同在第三章看到的，當時正在忘卻「現代」的日本社會，「韓國」這個符號替他們送上了「現代」的概念。

那麼，對韓國而言，「現代」一詞到底具有什麼樣的含義呢？

在韓國，「現代」基本上就是「傷痕累累的時代」，被當成是與日本的殖民統治以及解放後持續的軍事獨裁政權時代難以切割的概念來理解。

韓國的「現代」，是在殖民時期由「日本」這個他者所帶來的，因此所推動的現代化、工業化運動等等改變，目的是為了讓日本能掠奪其成果。這段歷史的前因後果對韓國來說是嚴重的創傷，讓他們沒辦法單純地接受「現代」是一種「全新且良善的事物」。

此外，朴正熙政權的時代，雖然在某方面是「將韓國帶入現代化及工業化」，但這當然無法與全面性的評價作成連結。這是由於其現代化政策有很大一部分是與日本的政策理念互相重疊的，而且經濟上也隸屬於日本之故。這與軍隊互為表裡，甚至到了把現代主義與軍國主義畫上等號的地步。

在文學及藝術的領域中，從「現代」而來的形象，以小說家而言，就像是從李箱身上所看到的那樣，是一種「被撕裂的自我」，這般分裂、破滅的形象。

一九八七年民主化來臨後，這個現代便告一段落。為了超越現代，於是轉向前現代的態勢便強而有力地浮現出來。也就是說，在趨勢上出現了難道不該回復到日本這類多餘的他者介入之前的「古層」的看法，於是開始了對巫教及朝鮮王朝時代儒教傳統文化的再發現及再評價。

另一方面，轉變為後現代構造的浪潮同時席捲而來。所以現在產生了要將前現代、現代以及後現代一體化的聲浪，而且這股動向十分地堅定。

圍繞在工業化上的糾葛

「工業化＝現代化」，這在韓國很明顯地除了「傷痕」之外什麼都不是。

我們試著稍微深入一點來討論這件事情。比起明治維新以後便迅速地朝著「現代化＝工業化」道路邁進的日本，腳步慢上許多的朝鮮於一九一〇年時淪落為日本的殖民地。雖然之後在殖民地朝鮮上的現代化＝工業化急速地發展，但是承認這項事實並賦予正面評價的「殖民地現代化論」，在韓國仍然幾乎是種禁忌的話題（近年來，出現了承認殖民時代經濟發展的「新右翼（New Right）」勢力）。

取代這個「殖民地現代化論」，在韓國居於支配性地位的是「自發性發展論」。這個論點認為朝鮮半島於朝鮮王朝後期就有資本積累、技術發展這類資本主義萌芽的現象，如果持續將此發展下去，應該就能完成朝鮮式的現代化。不過在這過程當中，日本卻跑來摘除了朝鮮資本主義的幼苗，把朝鮮開發成了為日本利益服務的受壓榨地區。因此「殖民現代化論」完全得不到他們的認同。

這是一種在韓國沒有人會質疑、不證自明的歷史觀。不過只要採取了這種歷史觀點，那麼對於解放後的韓國拚命推動現代化＝工業化時，卻主要向日本取法的過程，便難以進行正面的解釋。到最後，為了取回「遲來的現代化」，為什麼不採行韓國獨特的路線，而是不得不效法日本的疑問便就此縈繞不去。

對於這個問題做出大體上能讓人信服的解釋的是，全斗煥政權時的「克日」概念。這與隱瞞「為了本國的工業化＝現代化而向日本學習」此一事實的朴正熙政權不同，全斗煥政權不僅承認了這個事實，還解釋說這是「為了在將來能夠擊敗日本，現在不得已才這樣做」。大多數韓國人都接受了這個說法，努力不懈地朝著「克日」的方向邁進。

資訊化的國家戰略

不過，擔任過首任文化部長的前梨花女子大學教授李御寧，他提出了更劃時代性的口號。

他以最淺顯易懂的方式提出了韓國資訊化的思想，這就是九〇年代前半時，李御寧教授所主導提出的「工業化腳步雖慢，但資訊化得領先群雄」的口號。

這項口號就是預言了韓國在這之後成為「IT王國」的傑出理念。

一九八八年成功舉辦漢城奧運之後，韓國意氣風發地開始踏上了先進國家之路。平均每人國民生產毛額將在數年後超越日本之類的預測也紛紛出爐。在這當中出現的就是電腦這項工具，然後時代也從工業化持續地朝著資訊化轉移。

李御寧教授「工業化腳步雖慢，但資訊化得領先群雄」的口號，首先於文化論的脈絡中承認「工業化腳步雖慢」這個事實的這一點，就已具有劃時代的性質。在此之前，韓國一直被「我們本來也能夠靠自己的力量來完成工業化，都是令人憎惡的日本從中阻擾」的認知所支配。不過李御寧教授卻說：「我們並沒有朝著工業化前進。」原因就看看日本人吧。他們從江戶時代就開始發展工業，持續地累積規格標準化的技術及心理素質。相較之下，韓國人在傳統上不管是規格標準化的技術，還是心理素質都付之闕如。更加上因為是儒教的文明國家，對「鐵」、「武器」以及「物質」相當疏遠。所謂的工業化就是鐵與標準化的時代，日本人比起韓國人更具有這方面的資質，難道我們不該承認這一點嗎？

但另一方面，日本人缺乏的是打造非標準化事物的心理素質，而韓國人卻富有自由奔放的藝術性及創造性。只不過是碰巧工業化的這種時代精神不符合我們的天性罷了。

不過時代流轉更迭，從今而後是資訊化的時代了。不是製造出整齊劃一的事物就夠了的時代，而是具有自由創意及溝通能力的民族將會取得勝利的時代。可是眾所皆知的，日本人缺乏創造性，雖然擅長於打造物品，但卻苦於人們之間的溝通交流。相反地，韓國人具有儒教的仁愛傳統以及「情」的力量，在即將到來的資訊化時代中，是一個以最優秀的形式有著最必要素質的民族。

換句話說，資訊化的時代才是韓國人成為主角的時代。我們只因為工業化腳步遲緩的理由，而不得不生活在灰黯消極的二十世紀。從現在開始，藉著在資訊化上比日本來得先進的這一點，便能度過明亮積極的千年時光。

上述內容大致上就是「工業化腳步雖慢，但資訊化得領先群雄」這項口號背後的言外之意。

這給了韓國人相當大的自信。韓國政府也公開表示「ＩＴ化」才是韓國生存策略的明確目標，並朝著資訊化社會的道路衝刺前進。於是在這之後的十年中，韓國發展成為了舉世聞名的「網際網路王國」。

第十二章

韓國人的他者

對他者的猜疑與期待

日本人對韓國人而言是終極的他者，他們平時就已經意識到了這一點。但對日本人來說，韓國人不一定會被認知為他者，而往往是一種脫離了認知範疇的存在。兩相比較之下，有顯著的差異存在其中。

但是日本在最近也強烈地意識到韓國是一個他者。在「韓流」席捲之下出現了大量對韓國表現濃厚興趣的人；另一方面，由於歷史認知以及領土問題的原因而與韓國合不來的人，也急速地增加。

相反地，韓國對日本卻沒有了以往那種讓人覺得刺眼的強烈興趣。他們很明顯地將關心的重點從日本移到了中國身上。而且由於對美國的關注不僅沒有衰退反而是日益高漲，所以，無論是在絕對性上還是相對性上，日本愈來愈不再是韓國關注的對象。

而且，對於過去有著高度敵對關係的北韓，金大中政權以及盧武鉉政權都用一種非常溫和的態度來對待。

對於這種轉變本身當然可以從各方面進行討論，但另一方面，在韓國人對其他國家表達關注的態度中，我們很容易注意到當中有著某種獨特之處。

這是一種對於視作是「敵人」的對象時，表現出極端的猜疑心及敵對心，但是在面對看成是自己「同伴」的對象時，卻展露出極度的期待感以及想要與之同化的想法。

當然不管是哪個國家都會有類似的傾向，但韓國的情況卻是讓人有種極端的感覺。而且在

韓國人彼此之間的人際關係中，這也是能夠以「우리」（我們）內部的同化要求以及對外部強烈猜忌的形式而被觀察到的現象。

其背景裡頭存在著這個國家在被大國包圍之中，勉強才得以保全自身存在的歷史。

而且也有因為這樣的歷史而培育出來的精神構造。這可不是輕易就可以改變的觀念。

第一節　看待日本的態度

不幸的歷史？

在不得不對大學生花上一個小時來講授日韓關係的時候，我經常會發給他們一張年表。年表中陳列出豐臣秀吉的文祿、慶長之役（一五九二—一五九八年。韓國稱之為壬辰、丁酉倭亂）、日本主導的閔妃（明成皇后）暗殺行動（一八九五年）、安重根發起的伊藤博文暗殺行動（一九〇九年）、韓國併吞（一九一〇年）、三一獨立運動（一九一九年）、創氏改名（一九四〇年）等條目[1]。

在說明過這些事件之後，我還會用「但是各位同學請注意」來提醒他們，不要忘記接下來的補充內容。這張年表上所記載的內容，雖然大多數的情況都是某個事件或問題，讓人會看過這張年表後，誤以為好像日韓關係都是這些事件及問題的歷史，但實際上沒有寫在這張年表上的「空白」時期是很長的。這段空白時期就譬如像是室町時代的對等外交關係（互相派遣通信使、國王使）以及江戶時代有朝鮮通信使來日訪問那樣，雙方長期維持著友好關係的事實也不應該忘記。

總而言之，日韓的歷史有時會因為不幸的事件而讓雙方關係烏雲罩頂，但必須認知到這終究只不過是歷史中的一小部分。

認知結構的問題

話雖如此，從日本那裡受到了大量損害的韓國，可沒辦法就這樣輕易地只回想起與日本那段充滿信義與友好關係的歷史。特別是韓國人還強烈地抱持著「最初就是我們將漢字、儒教、佛教、陶瓷器等各種不同的文明、文化傳播到日本的，日本卻恩將仇報」的文明主義歷史觀。日本人的確不應該忘記朝鮮半島傳授了各式各樣的文明、文化給我們的事實。但「文化是從高處往低處流動」、「只會由高往低流動」，或是「吾聞用夏變夷者，未聞變於夷者也」（《孟子・滕文公上》）。換句話說，文明度高的國家會教化低的國家，但反之則不然。只從這種儒教的次序觀念來考量對外關係的話，也就只會得出日本行為惡劣的結論。

1 譯註：在韓國稱作是日本姓氏強要。這是一項朝鮮總督府於一九三九年頒布，要求設籍於朝鮮的日本國民（即朝鮮人）將朝鮮姓名改為日本姓名的法令。

換言之，日本與韓國之間共同擁有具體史實的歷史同時，也存在著對於歷史以及其他國家認知模式的問題。用另外一種詞彙來形容的話，就是「中華思想」。筑波大學教授古田博司將東亞稱之為是「中華思想分有圈」，的確就是發祥於中國的中華思想在這之後被朝鮮及日本所分別擁有，事態才會演變成為認為自己才是綻放出最為文明、文化花朵的「中心」。

大日本帝國時代的日本就是這種典型，認為日本才是擺脫了中華思想的影響，有著獨特文明的亞洲中心，並且依據皇國史觀來統治朝鮮。韓國的情況也是有著對日本根深柢固的文明、文化上的優越感，而用這樣的態度來看待日本社會，就會認為日本是性別秩序及家族制度混亂、自私自利的功利主義者集團。

三八六世代與日本

二〇〇五年，在領土問題、靖國神社參拜問題以及歷史教科書問題上，日韓之間發生了摩擦。

其背景就是韓國政治意識的問題。

對親日派的處理以及藉此確保政權的正統性。這兩項課題在這個時期是「三八六世代」在政治上的主要關切。《朝日新聞》在社論中對於韓國的《親日行為糾明法》，認為在日韓關係好不容易變得如此友善的時候，這不啻是種違背時代的做法，表明了對此的憂慮。但由於這項法律是要找出曾幫助過日本的韓國人並剝奪他的名聲，所以並不是直接地想要從事反日行為，而是一種想要解決自身歷史問題的作為。

不過在韓國的場合中，有關歷史的問題往往都是法律可以追溯適用的。由於這種溯及既往的作法在現代法律觀念中是被禁止的，所以一般來說現代國家並不會這樣子做，但韓國卻會。在韓國的情形裡頭，歷代總統也有在辭去總統一職後就被關進大牢的人，在這種時候法律也是可以追溯適用的。

關東大震災時有眾多無辜的朝鮮人慘遭殺害，韓國具有對此提出某種訴求的可能性[2]，但是日本卻認為沒有必要為此群情激憤，或為了與此對抗而演變成民族主義性質的行為，應該開誠布公地討論就來討論。而為了要能做到這樣，最重要的就是要先建立起互信的基礎。換言之，我認為只要彼此之間有信賴感，不管過去發生過了什麼事情都能真摯地對話。不過遺憾的是這種情況直到現在都很少見。

在日本之中，幾乎所有的人都對韓國、朝鮮表達輕視或是毫不關心的時候，有一部分學者、基督徒、新聞記者……卻在幫忙推動韓國的民主化運動，就過去的問題認真努力地與韓國進行對談。但這種努力難以得到大眾或一般國民的理解，這還是由於大多數群眾的不感興趣。這種情況產生了劇烈變化是在二〇〇〇年代的時候。

2　譯註：一九二三年關東大地震發生後社會動盪、謠言四起。其中之一就是謠傳在日朝鮮人藉此災難獲利、犯罪，甚至藏有炸彈。在眾多媒體的報導下，日本人信以為真，因而有大量朝鮮人慘遭殺害。

第二節　看待中國的態度

熱情

韓國在對待經濟上突飛猛進的中國時，那充滿熱情的眼神比起在看日本時還要火熱許多。相較於二〇一二年是中日國交正常化的四十週年，這一年也是中韓樹立邦交的二十週年，由此看來戰後中韓的歷史遠比中日還來得更為淺薄。但是一九九二年的時候，當時的盧泰愚總統作為他北方政策中的一環，繼韓俄建交（一九九〇年）之後與中國建立起邦交時，那充滿喜悅的激動情緒，不僅意味著對因與中國「血濃於水的友誼」而締結關係的北韓是一場外交上的勝利，同時在回歸到過去曾與中國建立起堅定關係的「傳統」這層意義上，都是意義重大的事件。

傳統的關係

由於朝鮮半島一直是中國的鄰國，可以說幾乎所有的心力都灌注在與這個泱泱大國之間的交流方式上頭。

傳統上對待中國的方式，粗略地來說可以分成「現實主義」及「觀念論」。譬如田中明在《物語韓國人》（文藝春秋，二〇〇一）等書中曾感概地說，韓國從直到新羅時代都是重視

「武」的現實主義，但高麗王朝以後卻變成了輕視「武」的觀念論。也就是說，高句麗靠著其強大的武力以及權謀術數擊退了隋朝的攻勢，而新羅在利用唐朝消滅百濟之後，又將唐朝的勢力驅逐殆盡。這種光輝燦爛的重「武」時代，在進入高麗王朝時代後便隨之消聲匿跡，等到了朝鮮王朝專心仿效中國禮教、獨尊文治之後，就一股腦地鑽進了觀念論的對外關係之中。

朝鮮王朝時代的對中關係用一句話來說就是「事大」（侍奉大者）的關係。講到「事大主義」總是會有種不好的印象，給人一種「缺乏自主性，附屬於勢力強大者底下來維持自身存續的傾向」（《廣辭苑》，岩波書店）以及「背倚大樹好乘涼」的卑屈感覺，但它原本並不是像這樣具有負面意義的詞彙。「事大」是出自於《孟子・梁惠王下》的一句話，「惟智者為能以小事大」，與之成對的是「惟仁者為能以大事小」這句話，也就是在定義大國與小國之間現實上的相互關係。事大者會被稱之為智者，就是由於他作為小國能夠採取現實上最為賢明的政策。

換言之，認為事大是喪失了現實主義的觀念論看法，不得不說這是一種沒有考量到當時朝鮮立場的單方面見解。事實是與擁有強大軍事力量的中國，彼此間的關係得到舒緩，並且透過引進中國的儒教來徹底成為中國的做法，使得安全得到了保障。這是一種現實主義性滿點的選擇。

矛盾的情緒

雖然朝鮮是如此地對中國事大，但心中卻鄙視身為野蠻女真族國家的清朝。受到女真攻擊而經歷過慘痛敗仗的屈辱令這種鄙視的情緒更加地擴大。朝鮮以繼承代表中華的明朝為己任，認為自己就是中華本身。就這樣，朝鮮在對待大國／中國的心理關係上，分裂成了對中華的憧憬以及對清朝的鄙視，並且維持這樣的狀態渡過了數百年歲月。

「日本人不懂中國的可怕之處，我們可是有深刻的體悟」，這是韓國知識分子在過去曾對我說過的話。這位男性接著大聲地說：「到底是否能夠讓中國相對化？究竟能不能做到向中國靠攏卻又不至於中國化？日本人知道這是一件不可能的事情嗎？」

然而與這名男性所說的內容不同，現實是朝鮮並未被中國所吞噬，還讓中國相對化了。這真是個奇蹟。它的策略不是遠離中國，而是比中國更深得中國的精髓。這當中所說的精髓就是朱子學。

朝鮮藉著讓朱子學絕對化，而使得中國相對化。剛剛那位男性話裡頭的「中國」這個詞彙全部置換成「朱子學」也說得通的這一點，就是其奧妙所在。中國是一個整體。但若是把朱子學當成整體來看，中國就會淪落成為部分。朱子學才是整體而中國是部分，於是完全朱子學化的朝鮮才是中華的整體，這就是朝鮮士大夫的策略及信仰。

高句麗問題

近年來，隨著與中國交往愈來愈密切，也發生了各式各樣的摩擦。圍繞在高句麗上的問題就是其中之一。由於高句麗的領土是從現在的北韓延伸至中國東北，也就是過去的滿洲地區，所以從中國的角度來看，就是中國的一部分。不過以朝鮮民族的觀點來說，這就無法苟同了。實際上隋朝就是因為與高句麗作戰，才導致國力疲憊因而滅亡的。因此對中國而言，雖然高句麗是個非常討厭的存在，但現在的中國政府卻主張它曾是中國的一個地方政權，這項舉動激怒了韓國人。在亞洲盃足球賽的時候，中國隊的支持者對日本隊支持者進行了反日的舉動，但韓國人卻選擇聲援日本人。在足球比賽中，韓國人會替日本加油的事情可是前所未聞的。

第三節　看待美國的態度

大國美國的重要性

美國對解放後的韓國而言，就是作為一個不折不扣最為重要的國家而存在。日本的戰敗近在眼前，與想要盡早確保對朝鮮半島影響力的蘇聯相同，美國也在朝鮮半島上鞏固起自己的立場。於是半島的北側是蘇聯，南側是美國的二分統治結構固定化（美蘇分區占領），一九四八年北邊成立了朝鮮民主主義人民共和國，而南邊則是大韓民國，朝鮮半島因此分裂。一九五〇年時爆發韓戰，北韓軍隊一口氣進攻到半島南端的釜山附近，但因為麥克阿瑟的仁川登陸作戰而令戰況逆轉。在這之後，戰線就忽北忽南以瞬息萬變的速度重複著一進一退的局勢，最後的結果就是雙方膠著於現在的停戰線上。

對於這段期間美國的作為，韓國人卻不得不抱持著複雜矛盾的情緒。美國不僅沒有積極地協助他們完成解放後的獨立夢想，反而是行使自身的影響力提出美蘇分區占領的構想，最後面臨了南北分裂的事態。美國雖為大國，但就是因為如此而沒有幫助我們，韓國人會具有這種否定性的情緒並非不可思議。但是另一方面，為了要對抗強大的北韓勢力，卻又處於不得不依靠美國在軍事及經濟上的援助來維持政權的狀況。不如說解放後與美國的關係，到了北韓一直說的「南韓是美帝的傀儡政權」這種全面性依賴的地步。換句話說，他們不得不抱持著沒有了美國就會被逼到無法生存下去，這種走投無路的情緒也是事實。

雙重的心理關係

這在「對中國關係」的章節中已經說明過了，朝鮮傳統上具有將自身與大國之間的關係理解成「事大」策略的傾向。對待美國也是採取這樣的策略，可以說是現實上的需求。

韓國人積極地學習解放後成為新「中華」源頭的美國價值觀，拚命努力地想要透過自身的美國化，來贏得尊敬與自信。菁英分子一個不剩地全都到美國去留學，經濟界也在強化以對美輸出為中心的體制，軍事上則是最大限度地利用駐韓美軍。現在洛杉磯的韓國城因為前往美國移民數量的增加而日益巨大化，據說中產階級內不存在著在美國沒有親戚、熟人的人，而且要怎樣才能讓小孩子到美國傑出大學留學的話題，成了日常生活中最常聽到的事情之一。

但是在與中國的關係中，一方面引進中華的同時，另一方面在認知上又否定現實中的清朝。與這種情況一樣，對於美國也建構出了一種雙重的心理關係。換言之，韓國一方面在推動美國化的同時，另一方面也具有激烈的反美情緒。

八〇年代的學生運動中，身穿牛仔褲的學生高喊著反美的模樣也被凸顯出來成了一種象徵，這正是事大與反事大矛盾情緒的節點之一。

第四節　看待北韓的態度

對於北韓的複雜情結

「三八六世代」是一群對於北韓有著非常強烈複雜情結的人們。

這是一種著眼於統一的心情。

韓國與北韓統一的時候，哪邊才是更具有正統性的政府呢？不管是誰都能清楚分辨，北韓在國力、經濟力方面是居於絕對性地弱勢，而韓國則是強勢的一方。但是從國家權力正統性的這層意義來說，根據「三八六世代」的想法，會得出北韓占有優勢的看法。

其正統性的根據大致上來說有兩點。一是是否達成肅清並清算親日派。就像法國的情況，那些曾經幫助過納粹的法國維琪政權人士，在戰後都遭到了肅清一樣，北韓在這方面也做得相當徹底。但是韓國在建國之後一直都沒有進行這類動作。所謂的親日行為，譬如那些在朝鮮總督府服務過的人，畢業於日本陸軍軍官學校而飛黃騰達的人，在日本的銀行、工廠、鐵路等處工作並協助日本的人。不過，這類對象被設定為某種階級以上的人，而那些在各種單位中地位低下者則不構成任何問題。由於愈是協助日本就愈能讓地位提高，所以對日本協助程度的界線該定在何處，便成為討論的目標。

儘管北韓肅清了親日派人士，但是在李承晚於一九四八年就任總統，必須建設國家的時候，韓國卻雇用了一批殖民時代的技術官僚及專業人員。殖民時代在日本人底下工作的人再度獲得雇用，親日派勢力就這樣殘留下來，而且這些人還形成了韓國社會的上層階級。這就是在正統性輸給北韓的地方。

另一個複雜情結就是有沒有進行抗日運動這一點。

北韓的金日成一派曾在滿洲從事抗日運動，這是毫無疑問的。於是這在北韓的歷史中，被解釋成他們不是靠著美國或蘇聯的協助才從日本的統治中得到解放，而是憑藉著自身的抗日運動來解放朝鮮半島的。

不過，在韓國的情況中事情卻有所不同。他們的抗日歷史就是在上海成立臨時政府來反抗日本。曾於二戰期間及戰後擔任外務大臣的重光葵（一八八七—一九五七年）會少了一條腿，就是在他在一九三二年擔任上海駐在公使的時候，遭到朝鮮人獨立運動家尹奉吉投擲炸彈炸斷的。雖然有著這樣的實際成果，但並未能做到像朝鮮金日成一派那樣的抗日運動。而李承晚則是人在美國，解放後才回到朝鮮半島。從這層意義來說，在權力正統性這點上，是沒辦法與北韓相抗衡的。

必須為此想出個辦法的就是「三八六世代」的課題。於是他們首先從清查親日派人士開始著手。譬如他們就討論過，在曾隸屬日本或滿洲軍隊的朝鮮人之中，是該以官階在中尉以上的人為對象？還是該以官階更高者為對象？因為朴正熙總統在殖民地時代就是畢業於日本的陸軍軍官學校，並且做到滿洲國軍隊中尉。

朴正熙總統的長女朴槿惠是當時的在野黨領袖，而韓國是適用連坐制的。即便實際上未能受到法律的約束，在社會及道義上因自己父親或祖父的親日行為，而不得不辭去公職的也大有人在。因此，執政黨的想法認為這或許能夠迫使朴槿惠退出政壇，而此一念頭引爆了激烈的政治鬥爭。

那麼抗日運動該如何處理呢？在北韓的金日成革命傳說中，普天堡戰役非常地重要。一九三七年，襲擊了普天堡（現今的兩江道）的國境警察後，金日成的大名響徹雲霄。普天堡電子樂團是北韓最為知名的樂團，其名稱就是取自此地名。總之，襲擊日本警察這件事，就成了正統性的有力依據。在韓國與北韓的正統性之爭中，這成了非常重要的一點。在面對「正統性」的問題上，南北韓之間在這之後該如何地分出高下，是個非常重大的課題。

終章

聖城首爾

來自深處的呼喚

古都首爾吹拂的微風，帶著夢想、憧憬以及死亡的芳香。這座城市可以說是有著「線、面及深度的結構」。寬闊的道路要是「線」的話，沿著這條「線」的兩側，聳立著閃耀近未來光輝的建築群。早晨的時候接受日光，夜間則反射著夜晚的光芒。

但是這股現代與後現代的浪潮卻難以漫過沿著道路「線」兩側矗立的堤防。在堤防的後頭，傳統性宛如大海般無邊無際的「面」，就像是迷宮一樣的廣大腹地出現在眼前。只要一踏進「面」，與過去王朝時代老舊房舍相去無幾的無數房舍人家，連綿起伏、斑斕醒目地映入眼簾。在首爾體內最深處的場所中，這些「面」就像五臟六腑般地呼吸跳動，不停散發著黑色的光芒。

而在那裡等待著我們的就是「深度」。六百年的歲月彷彿積雪般一層一層累積起來的首爾歷史，在這當中露出了一個標示為「深度」的入口靜靜地等待訪問者到來。從這個「深度」裡頭宛如噴泉般湧現的東西，就是縈繞在這片土地上，各式各樣靈魂所捲起、凝聚而成的精神力量。

首爾居民非常清楚這種「深度」的咒縛之力，而且有時他們會試著甩開這股「深度」的磁力，希冀前往異次元的旅程。這就好比是飲酒作樂或野遊會，而計程車之類也是這類旅程的其中之一。計程車駕駛冷不防地將廣播電台的音量調到最大，速度提升到像是暴風中飛舞的雨

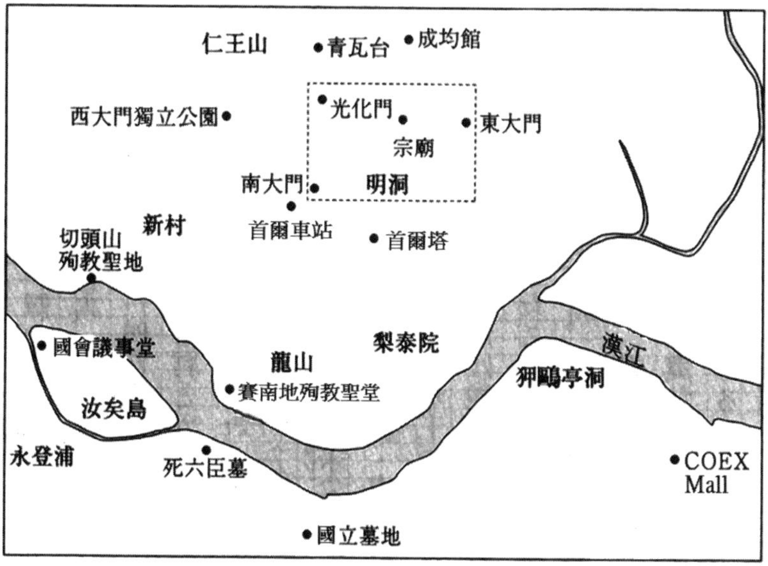

首爾略圖

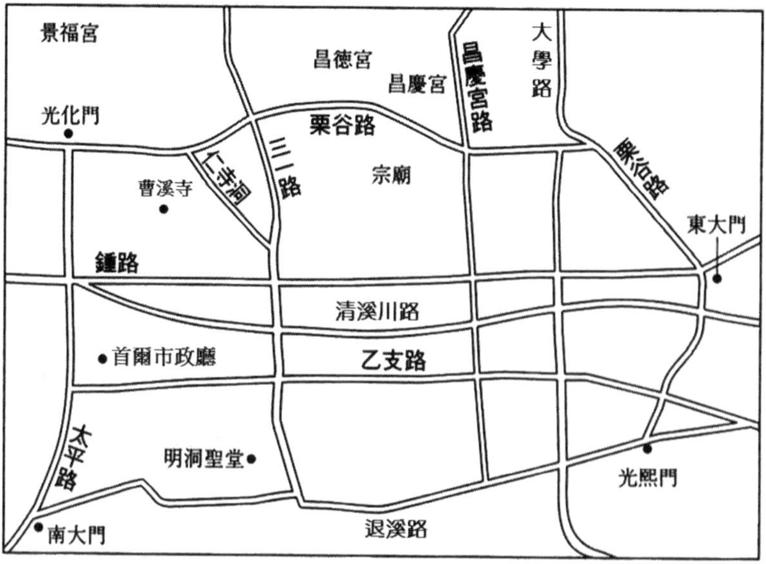

首爾中心地圖（⬚部分擴大圖）

傘，呼吸也跟著急促了起來。河面的波光讓人暈眩，霎那間廉價演歌的歌聲以不輸給風的音量，在虛空之中迴盪不已。那個奔走的物體是閃爍著銀白冷光的流星，是一顆為了逃出「深度」的桎梏，以時速一百五十公里劃過天際的星辰。

在古都首爾之中，有儒教、佛教、道教、巫教的思想交集堆積在一起。忽然間會從街道的「深度」之中聽見這些思想的聲響，而經由這些思想雕琢成的眾多靈魂，他們盤根錯節地呈現出來的姿態，真是令人眼花撩亂。在日本的古都或是歷史悠久的地方市鎮，也能感受到這類靈魂的顯現。傳統思想仍具有生命力的這件事，是何等的充實與幸福。

為了找尋這些靈魂，開始了我圍繞著「聖首爾」的旅程。想要盡可能地讓自己走遍更多地方，盡可能地與更多靈魂相會。這或許就是王朝人士的優雅晚霞，或許是鬼神們唏噓的哭聲，也或許是與「聖」對立的極端——「亂」達到了極致的俗世。因為「亂」如果達到了極致，也會是一種優秀傑出的「聖」。

王的靈魂們——宗廟

我走在林蔭大道之上。在首爾此地靈魂最為濃郁的空間之一，就是祭祀著朝鮮王朝歷代國王的宗廟。

那是神聖的空間，但它並不單純只是陳設遺物的地方，現在也的確還維持著生命，這樣的空間就位於都市的中心。這是首爾生命力的泉源之一，在錯綜複雜充滿塵埃的都會中，供應著清爽氣息的靈魂之泉。

要前往宗廟，通常會從自王朝時代就熱鬧非凡的大道「鐘路」過去，但我喜歡的反而是從昌慶宮[1]越過坡道後，跨過栗谷路來到後頭的這條路線。這是一片能從某處感受到靈魂氣息的蒼鬱森林，而森林與靈魂十分相配。這裡佇立著讓人驚訝於首爾居然還保有如此粗壯軀幹的老樹。在春天就是春景、夏天就是夏景、秋天就是秋景、冬天就是冬景大道的寂靜感沁入了我的肉體深處。這種安詳寧靜的感覺是什麼？就像是降下了與外頭的喧囂迥然不同的靈魂之霧。

我通過祭祀著朝鮮王朝創建者——太祖（李成桂）四代祖的永寧殿，來到了正殿。

伴隨著王朝長久延續而屢次增建的正殿，沿著東西方向延伸出去的簡潔構造非常美觀。搞不好這或許是韓國建築物中我最為喜歡的一座。而韓國的諸多寺廟之中，能讓我感動的地方一處也沒有。不管是哪座寺廟都加上了閃閃發亮的丹青，卻不是為了意境或某種用心……我是這麼認為的。寺廟還是日本的比較好，希望韓國的寺廟多少能有點古樸的風韻存在。

與此相比，儒教建築物就大多是質樸且美觀的。散居全國的書院也是如此，而這間宗廟也是一棟毫無修飾，只憑單純線條構成，具有凜然風格的建築物。

朝鮮王朝時代，會以國王為核心在這間宗廟舉行祭禮。國王在齋戒沐浴之後，會在每間神室（祭祀國王神位的房間）前跪拜並呼喚祖先的魂魄，與之合而為一。還要鳴樂焚香，為此儀式準備的餐點共有六十三盤，這是朝鮮王朝最為盛大的儀式。

宗廟有股莊嚴肅穆的氣氛，但一想到這是祭祀著歷代國王的場所，也就不足為奇了。在知道這裡祭祀的國王們每個人的性格及事蹟之後，忽然覺得每一間神室都變得可愛了起來。

國王的確就在這裡，與他們的事蹟以及七情六欲一起栩栩如生地存在於此。我讓感覺變得敏銳、呼吸同調，想要去感應這一切。但由於原本我就與全州李氏（朝鮮王朝的王室）毫無血緣關係，所以沒辦法做到「同氣感應」。不過也不是感應不到這股氣息。在這靜謐的空間裡，我獨自佇立著。

朝鮮王朝歷代國王之中，如果能夠見上一面與之交談的話，我果然還是想要見到太祖（在位期間一三九二－一三九八年）、世宗（在位期間一四一八－一四五〇年）、正祖（在位期間一七七六－一八〇〇年）這三位。

太祖是朝鮮王朝的創建者，世宗是創造韓文的國王，而正祖則是哲學家國王。

不對，我也想要和燕山君（在位期間一四九四－一五〇六年）及高宗（在位期間一八六三－一九〇七年）對話看看。

燕山君被看成是荒淫無道的暴君，是一位充滿悲劇的國王。他當然被排除在這間宗廟之外。而高宗則是朝鮮半島成為殖民地前夕的國王。

除此之外，宣祖（在位期間一五六七－一六〇八年）及仁祖（在位期間一六二三－一六四九年）也是務必要見上一面的國王。以內行人的偏好來看，端宗（在位期間一四五二－一四五

1 譯註：昌慶宮是朝鮮王朝的別宮，位於現今韓國首爾市鐘路區臥龍洞，是首爾歷史五大古宮之一。

五年）也是想要交談看看的對象。

宣祖是豐臣秀吉發動「文祿、慶長之役」時的國王；仁祖則是敗給清朝，向清太宗皇太極行臣下之禮的國王；端宗則是充滿悲劇性的少年國王，他不是在正殿而是在永寧殿受到祭祀。

但是，如果被要求只能選一個人的話，我果然還是會選擇正祖吧。

這位於十八世紀登場的哲學家國王，在起用眾多革新派人士的同時，還以「文」的力量來強化國王的立場，可以說是朝鮮日後歷史的轉捩點。他的父親被關進米櫃裡活活餓死，而下毒手的卻是他的祖父（英祖）。正祖後來知道這件事情，感到悲痛莫名。於是為了慘遭親生祖父殺害的父親，正祖發起了在水原修築城池等多項安魂性質的文化事業。

由於正祖的哲人風采之中有著幽暗的虛無主義，所以我深深被他吸引。他自身也是於一八〇〇年以壯年之姿驟死。正祖曾試圖抑止兩班的權力鬥爭，但有傳聞說最後是被捲入其中而慘遭毒殺的。

站在正殿之前，從左到右計算神室的數量。一、二、三……啊！就是那裡。那裡有我喜歡的國王。正祖的房間是在第十三室。正祖陛下的靈魂就那裡生活、出入。我的內心就像是追逐著悲劇英雄的少女那樣劇烈地跳動著。啊！正祖陛下。我最喜歡的正祖陛下。蟬鳴像陣雨般落下，我有某種顫抖的感覺。真的是國王在喘息，而我感受到了這股信號。

即使到了今日，在每年五月的第一個星期天，全州李氏還是會聚集起來舉行盛大的祭祀——宗廟大祭。一般人士當然也能夠前往參觀。

刑場的靈魂——西大門獨立公園

雖然人們常說盛夏時分喧囂的蟬鳴反而能讓人的內心沉澱下來，但第一次站在西大門刑務所舊址前的時候，我才深刻地體會到了這一點。這裡是過去的京城監獄（此地名稱經歷過多次改動：西大門監獄—西大門刑務所—京城刑務所—首爾刑務所—首爾拘置所）。現在則成了「西大門獨立公園」。

這間刑務所曾囚禁過眾多抗日獨立運動家之類的「愛國烈士」，因而十分有名，被稱之為「朝鮮的聖女貞德」的抗日少女鬥士柳寬順（一九〇四—一九二〇年），十六歲死在獄中的時候，就是在這裡的地下單人牢房。

可以在牢房內體驗他們這些獨立鬥士所受過的嚴刑拷問。被監禁在每個人都得彎著身子才進得去的狹小空間內的拷問，我也稍微體驗了一下。如果人被關在這裡過上幾天，可是一定會發瘋的。

還用蠟人「再現」眼角上吊、身材消瘦、一副下流模樣的日本警察偵訊、拷問朝鮮人的場景。

而且過去的死刑場也被保留下來公諸於世，這實在是太過於怵目驚心，讓人覺得不舒服。在死刑場內宛如朝露般從世上消逝的靈魂，或許依然在這附近徘徊吧。

也由於其歷史悠久，所以這間刑務所存在著各式各樣的怪談。

梁秀庭著，李石玉譯的《首爾的死刑場》（新興書店，一九六六），這本書裡頭就有這樣一篇故事——在狂風暴雨的夜晚，好像就會出現少女的亡靈，踏過屍體翻牆而來。

在這些故事當中，讓我特別注意的是這篇〈幽靈吃的咖哩飯〉。日本統治的時代，有某位獨立運動家遭到逮捕，關進了這間刑務所。這名男子被判處死刑。日籍看守向他問道：「現在，你最想吃的是什麼？」這名男子馬上回答說是咖哩飯。但這名看守隔天並沒有值班，而再過一天等到他買了咖哩飯來上班時，這名男子已經在前一天被處刑了。日籍看守在說了「真想趁他還活著的時候，讓他能夠吃到這份咖哩飯」後，便將咖哩飯放進了那名男子的牢房中。那天晚上，看守巡視牢房時，看到那名應該已經被處刑的男子端正地正坐在那間牢房裡，向他道謝：「值班先生，非常地感謝您。真的是太好吃了。」當看守再一次朝牢房望去時，裡頭沒有半個人在，只留下了吃完的空碗盤。

在這樁小小怪談之中，隱含了圍繞「殖民地風格」、「現代性」以及「民族主義」的重要關鍵。獨立運動家吃的並不是「民族性」食物而是「咖哩飯」，這一點替故事增添了微妙的真實感，咖哩飯就是從日本輸入到殖民地朝鮮的現代性記號之一。如果後世的民族主義者想要改寫這篇故事的話，死刑犯當然會變成想要吃「된장 찌개」（doen-jang jji-gae，大醬湯）或是「설렁탕」（seol-leong-tang，先農湯）[2]。

高聲抨擊日本的鬥士，他們的偉大生涯作為英雄故事的完美性當然能夠撼動人心。但是除此之外，這是一個具有某種缺陷的故事，也就是索取了象徵「殖民地現代」的「咖哩飯」，採行了日本式的正坐（在韓國這是罪犯的坐法），向日籍看守有禮貌地道謝。在這種細節裡感受到聖性的自由，也應該存在於我們之中。當然還殘留著講述這篇故事的主體是誰，也就是是日本人，還是韓國人的問題。但是在上述傳聞之中登場的抵抗者，在他被扭曲的欲望裡頭，我感受到了激情。而且「聖性」也的確就是這種激情。

豆腐與男子——市場

應該是在是郊區的市場吧。白天的簡陋酒館中，有兩名流浪在外的男子為彼此的偶然相遇把酒言歡。在這間酒館，還是該說是小吃店裡頭，一定會從某處吹來一陣陣夾雜著沙塵的空氣。而擺在兩人中間的菜餚就只有大塊且粗糙的豆腐而已。

這是林權澤導演的電影《西便制》中的場景。其中的一名男性是表演盤索里[3]這種韓國傳統歌唱技藝的歌手。另一位則是他的朋友，在路旁描繪花體字為生。

表演盤索里的那名男性身材粗壯，但充滿了挫折及失落感。殖民地時代，朝鮮傳入了全新的舞台藝術，盤索里日趨式微，這名男性也跟著意志消沉。再也沒人欣賞這名男性的歌聲，到

2 譯註：大醬湯是用韓國豆醬為主要材料搭配蔬菜、海鮮及豆腐而成的料理。先農湯則是用牛腿骨熬煮成的乳白色湯品，一般只用蔥及鹽巴調味。

3 譯註：「盤索里」是韓語的音譯，它是一種朝鮮傳統藝曲形式。表演時一人坐著擊鼓，一人站著說唱，內容以敘事見長。

處都沒有他的棲身之處。

第一次看這部電影的時候，我為這間酒館端上桌那塊像是砂岩般的豆腐紋理陶醉不已。這的確可以稱之為一種激情。

當然，激情就好比是溝口健二電影中所呈現出來的，那種魔性之女充滿妖豔的銀色眼神；還有藤田敏八電影中看到的，細嫩光滑的女性睫毛、細舌及美頸。換言之，這與迷人的絹豆腐上頭所感受到的魅力是完全不一樣的東西。

不如說我過去曾經見過與這類似的光景，那是東映俠義電影《昭和殘俠傳》系列。在牧野雅弘導演的作品中，有個場景是剛出獄的流氓高倉健與池部良扮演的風間重吉，在淺草附近的日式飯館裡頭圍著火鍋用小酒杯喝酒。這種構圖的美感才是能夠振奮內心深處的精髓所在。

仁義這項德目就是生命的全部，可以說在這種時間、空間中生活的人每一瞬間都具有閃耀著光芒的魅力。而在霎那間將義理的重擔一筆勾銷的風，不就是種「瀟灑」嗎。這與女性舉手投足之間所具有的十足妖豔感相比，很明顯是完全不同類型的激情。

但是牧野導演的黑道電影，雖然描繪出仁義這種束縛的重擔，但沉靜的日本式情感（這與韓語中的「情」是完全不同的概念）卻於其中糾纏不去。藤純子所飾演的垂首女性，在她純白的細頸之中蘊含著一股壓抑情緒讓人目眩神迷的靜謐感。

相反地，林權澤的《西便制》中卻絲毫沒有這種柔情似水的美色，只有宛如砂岩般的豆腐，那種粗糙生硬的風韻。

譬如說，在另一幕，落魄的盤索里藝人與現今大受歡迎的昔日同門之間喝酒吵架的場景，其中一方一如往昔地執著於盤索里表演而沒落，另一方則是迅速地投身於現代舞台表演而成為明星。落魄的男子因酒醉而舉止粗暴地纏上已是明星的男子，一來一往地互相咒罵著粗俗不入流的話語。他們的一舉手一投足都是種激情。這就有如是看到了艾爾帕西諾（Alfredo James Pacino）飾演的黑社會認真地羞辱對手，大叫「fuckin' cockroach!」的模樣。

雖然風花雪月理論上的使用、解釋方式稍微有些陳腐且掃興，但除此之外大體上都洋溢著一股壓抑的豔麗風情。

在令人窒息的道德叢林之中，當發覺到自己就連呼吸都顯得困難時，就會從中感受到強烈的激情。

雖然過去的人們會對此感到一陣火辣辣的刺痛感，但後現代的人早已遺忘了這種感覺。如果只能從女性舔著冰淇淋的細舌或是浴衣半露的下襬裡頭感受到激情的話，那從這種乾涸的想像力之中是怎樣都沒辦法誕生出好的電影。林權澤與布萊恩·狄帕瑪（Brian Russell De Palma）都曉得這一點。所以一塊粗糙的豆腐裡頭才會存在著那樣的聖性，有如被艾爾帕西諾雙手觸碰到的汽車及酒杯，在一瞬間都散發出了神聖的美色。

而在首爾到處都有擺著這種豆腐的「神聖」市場。

殖民地的浪漫——明洞

高喊民族正義，反抗「日帝」欺壓，想要成為獨立的英雄，有時會慘遭日警的殺害，有時會成為刑場上的露珠消散……殖民地時代的首爾，也就是京城，平日總是充滿了這類事情嗎？

絕非如此。

夢想與憧憬、戀愛與浪漫、歡笑與感動……難道就沒有這些東西嗎？

絕非如此。

只不過是這些是難以「訴說」、「描寫」的東西而已。為什麼呢？因為他們知道縱使這樣的夢想及感情，在以殖民地或現代的概念轉化之後，也依然不是「純粹」的。

在殖民地時代的京城裡頭，最為醒目的大概就是從日本像浪潮般湧入的「現代」事物吧。其象徵性的地名就是「明治町」以及鄰近的「本町」。在解放後成為首爾代表性鬧區的「明洞」就是採用「明治町」的「明」而命名的。這條街在殖民地時代可以被稱作是日本人的街道，過去曾是一塊遍布泥濘且惡劣的土地，日本商人搬進此地，將這個「泥嶺」改造成為滿是現代燈飾的街道。而從朝鮮王朝時代就存在的正統鬧區——鐘路，始終沒有日本人遷入此處。

明治町因有日本資本注入，湧進了大眾文化與消費文明，具有象徵性的有歌曲、電影、百貨公司、咖啡館。

歌曲在一九二〇年代末期到三〇年代初期的時候，Victor、古倫美亞、Polydor等唱片公司紛紛將業務拓展到朝鮮，接連不斷地製作出「朝鮮唱片」。在這之後，朝鮮人作曲家、作詞家、歌手等等如雨後春筍般地出現。李哲的OK唱片公司、孫牧人、金海松、朴是春、李蘭影、高福壽、南仁樹、金貞九、張世貞等人的大名替朝鮮的歌唱史增色不少。

電影也是動輒就受到「日帝」的欺凌，雖然著重於強調民族電影的優秀之處，但實際上與日本電影界有著深厚的淵源。

朝鮮人經營的電影院「團成社」位於鐘路上。而且朝鮮人經營的百貨公司「和信百貨」也在鐘路上，這是為了對抗明治町的三越百貨。

以經營殖民地現代象徵——咖啡館而聞名的朝鮮人，就是靠著奇特文體為眾人所熟知的天才作家李箱。

京城就像這樣，有著閃閃發光的燈飾及銀幕，充滿著浪漫情懷。但是這些都在解放後被蓋上了「非神聖」的烙印而遭到大家遺忘。

譬如說，就有著一群在殖民時代正是以「神聖」的標誌而存在的，解放後卻被短暫地幾乎遺忘的韓國人。代表性人物是崔承喜（一九一一—一九六九年）。「在過去，被全世界譽為『世紀舞姬』的崔承喜，一九一一年時，在當時日本統治之下的朝鮮首爾出生」（摘自電影《傳說的舞姬　崔承喜》觀影手冊）。她成為石井漠的徒弟之後前往日本接受訓練，與生俱來的妖豔美貌以及充滿動感的嶄新動作迷惑了台下的觀眾。這名世界性的舞姬因為與川端康成、三島由紀夫、史坦貝克（John Ernst Steinbeck）、畢卡索（Pablo Picasso）、尚・考克多（Jean Cocteau）、周恩來等「celeb」（知名人士）的名字產生連結而顯得莊嚴崇高，他們欣賞過崔承喜的表演後，給予了至高讚美，就是以這種「傳說」形式，讓崔承喜身上環繞著某種聖性。

然而，那個時代其他的歌曲演唱者、電影演員、為數眾多的藝人們，卻被當成是「俗中之俗」，仍然在歷史的洪流之中被置之不理。

只有極少數像是自導自演電影《阿里郎》的羅雲奎（一九〇二－一九三七年）等人，會以「抗日的」、「民族的」的緣故而被賦予聖性。

只有「抗日的」、「民族的」才會被賦予聖性。這對於歷史而言是一種何等的褻瀆。不過，現在的韓國人仍然沒有注意到此一褻瀆。

從朝鮮的正統價值觀來看，這些東西才是應該要被唾棄的。但是在朝鮮人之中，有很多人對這些「京城的現代」感到狂熱。我正是從他們的心境裡頭感受到了一種「聖性」。

理判與事判——曹溪寺

五月時分，群山翠巒呈現出一股朝氣蓬勃的活力，在路旁盛開的花朵將大地染成了一片雪白。「佛祖降臨之日」（佛誕日）、「初八日」，也就是四月八日的浴佛節，在韓國是依農曆來慶祝的。

住在首爾的時候，我在每年的這一天都會前往曹溪寺一趟。

在嚴寒峻冷的韓國，春天會像怒濤般湧來，而夏天則是像熊熊烈火般燃燒。

從地下鐵的安國站走到郵政局路後，馬上就被善男信女的人潮擠得無法動彈。桃紅色的蓮花提燈排列得有如滿天星斗，有人在路旁鋪上草蓆擺出桌子，販賣著木魚、蠟燭、檀香、念珠、佛像、糕餅、茶水之類的物品。

來到曹溪寺院內之後，裡頭的白色提燈就像因陀羅網一樣永無止盡地遍布各處[4]，法燈像是要普照眾生般明亮。人群排成一列「繞塔」而行，依序等待膜拜念誦誕生偈[5]的佛祖。

巨大但粗糙的白象模型、金光閃閃的佛塔、像野遊會那樣鋪著草蓆吃著綠豆煎（韓國風味的什錦煎餅）的人們、連進了寺院都在做生意的商人……全都是開朗且毫無遮掩，戲劇性地表現出一種世俗的力道，絲毫沒有「閑寂幽雅」這類概念。風鐸在五月風中響起的聲音會讓人聯想到世上的性海果分[6]。吵雜得讓人暈眩的首爾本身，就是一個性海的大都會。

佛祖為什麼會降臨到這個世上呢？在這個巨大的性海都市中，每一個人都會這樣問道。佛祖為什麼、佛祖為什麼、佛祖為什麼、佛祖為什麼……特別會來到這個韓國呢？

數年前，韓國勢力最大的曹溪宗（參考二〇七頁）分裂成掌權派與改革派，展開了激烈的鬥爭。曹溪寺也化為血肉橫飛的人間煉獄。這是自古以來就有的對立，直到現今基本上仍然持

4 譯註：裝飾帝釋天宮殿的寶網，網上的每一個節結都附有寶珠，彼此互相輝映無窮無盡。
5 譯註：指釋尊（佛陀）誕生時，右手指天，左手指地時所說的四句偈，蘊含宇宙以我最殊勝之意。
6 譯註：「緣起因分」之對稱，略稱果分。華嚴宗中將斷絕一切言語思慮之佛境界，稱為「性海果分」。而應眾生機緣而說教則為「緣起因分」。

續進行著。然後每當爆發了這種鬥爭的時候，韓國的大眾媒體總是會報導成「理判事判。曹溪宗二分」。

從華嚴宗的術語裡頭產生而出的「理判」、「事判」概念，是在朝鮮王朝時代形成的。根據高橋亨的《李朝佛教》，「理判乃修法求道之清僧」、「事判乃遵從寺刹事務之僧」。在排斥佛教的朝鮮王朝時代，為了經營寺刹而有向兩班靠攏的必要。當時僧侶的處境是「與妓生視為同樣」、「得至兩班之酒席服侍」。因此，就變成了「大寺刹自然葷酒女人自由出入，化為世俗惡境」，「真於求道之清僧等人不好居於此處」的狀況。身為學僧、悟僧的理判，鄙視那些身為俗僧、事務僧的事判。

現代韓國佛教界的紛爭也可以說是理判與事判之爭。與政界有所勾結，試圖掌握利權及權力的事判派，以及對此批判，主張正義的理判派。然而高橋亨也在這本書中提到了接下來的內容：「能緩官家之誅求，和豪族之不法，實乃彼等（事判派）之任務。若當時僅存純粹理判僧，朝鮮寺刹之疲弊將更加數層。」換言之，就是有事判才有理判，有飯吃才有真理。

而且聖性的祕密也存在於此。不是只將寂靜的真理視為神聖，要將支撐其真理的俗性也包含在內的整個全體之中，才有我想看到的聖性。

如此想來，在曹溪寺境內放聲開懷大笑吵鬧的善男信女，他們的喧囂也是相當出色地屬於「神聖性」的一部分。

為虎所食——仁王山

韓國有但日本卻沒有的其中一項就是「虎患」。如字面所示，就是老虎襲擊人類的禍害。當然現今的韓國已經不存在野生老虎，據說早已滅絕了。

但是因為在過去還有許多老虎，所以虎患也很多。李承晚總統在吉田茂首相問道：「貴國還有很多老虎嗎？」時的回答相當有名，他說：「雖然加藤清正大多都已經抓光了，但現在這裡還殘留著一頭老虎。」但實際上直到殖民地時代都還有老虎存在，就像中島敦小說裡頭所寫的，獵虎之事屢有所聞。

不過，在朝鮮總督府的統計資料中，有一種襲擊人數遠遠超過老虎的野獸。是豹嗎？還是熊嗎？……不，是野狼。

我曾經讀過黃順元的這類小說。因為有著難言之隱而離開人群來到山中居住的夫婦，雖然拋棄了過去的一切認真地過日子，但某天在農田工作的時候，襁褓中的嬰孩慘遭野狼吞噬。而再次襲擊這對絕望夫妻的還是那些野狼。眼看著丈夫被野狼啃食，妻子束手無策只能哭泣。

這是一本讓人感到鬱悶的小說。過去的人在虎狼面前幾乎是無能為力的。

創建朝鮮王朝的李成桂（太祖）一族也遭逢過虎患。李成桂是其父李子春的次男，長男在狩獵途中遭到老虎襲擊而失去性命。李成桂之兄是驍勇有如大猛虎的將軍，卻被老虎所噬，讓我覺得這是對這個家族某種深刻的詛咒。

朝鮮王朝時代，漢城（首爾）城內似乎也經常有老虎入侵。

在中島敦的小說《獵虎》（筑摩書房，二〇〇一）裡頭就有記載，在殖民時代京城東小門外的駐在所內，某天晚上有隻老虎抓得入口處的玻璃窗吱吱作響，巡查整整一個小時膽顫心驚的真實故事。

不過須要注意的是，在韓國，豹也會被稱作是老虎。豹在韓語叫做「표범」（pyobeom），而「범」（beom）是老虎的意思。「표범」就是「豹虎」的意思。似乎是把豹子視為雌虎。在韓國看到抓到老虎時的相關照片，很多時候照片中的動物並不是老虎（朝鮮虎）而是豹（遠東豹）。

講到首爾的老虎，最出名的就是仁王山，這是一座位於緊靠景福宮[7]西側，標高三百三十八公尺的險峻岩石堆。老虎會從這座巍峨但寸草不生的山上狂奔而下，吞食路過山腳的行人。要從首爾通往北方就得越過母岳齋這處山口，但由於仁王山的老虎會襲擊行人，所以旅客一定得數人結伴而行，一起越過這處山口。

雖然有著如此可怕的老虎，但是韓國人卻將這股恐怖轉換成敬畏，事實上是將牠當作「聖獸」來崇拜。

掛在村落後山山神祠裡的山神圖像中，一定會畫上老虎。而老虎就是山神使者的化身。被神明化身的老虎撕裂吞噬，這件事大概就是人獸關係中最為神聖的一刻，激情達到極致的那一瞬間，是自己被他者絕對而完全地否定掉的一瞬間。

韓國人在價值觀上將虎患這種不幸的事情轉換了，將「吃人」看成是神聖靈獸的「力量展現」而加以崇敬。也就是說，試著將自我否定給絕對化了。但是當韓國傳統中並沒有「超越神」這種概念的情況下，想要達到這種絕對化是困難的。因此，另一方面還進行了使老虎「人類化」的操作。

作為神的同時也具有人性的韓國老虎就此誕生。山神圖中的老虎也在某處表現出幽默感：「很久很久以前當老虎還在抽菸的時候……」在這種民間故事的開場白慣例裡頭，悠然地浮現出老虎的身影。

〈猛虎行〉：「長戈莫舂，長弩莫抨，乳孫哺子，教得生獰。」（長矛也無法貫穿，強力的弩弓也無法擊殺，哺育孫兒與稚子，教導他們老虎的兇殘。）這首詩的作者是唐朝詩人李賀，但韓國的老虎並不是這種「恐怖一面倒」的冷酷野獸，牠也是一種人類性的存在。

而且我感覺到在這當中深藏著解開韓國式激情的關鍵。換言之，韓國式激情總是在某處有著幽默感，自始至終都未曾超脫過人情味的範疇。

「乳臭未乾」的氣息——成均館

用功念書是一種能讓人確實感受到強烈激情的行為。

7 譯註：景福宮建於一三九四年，是朝鮮王朝的正宮，也是朝鮮五大宮殿中規模最宏偉的。位於現今韓國首爾市內。

人手上拿著文具、半屈著上半身並面向書桌的姿勢具有一種躍動的靜謐感。這就與彎著身子盯上獵物的獵豹，還有擺好姿勢正要跳入水中的游泳選手那一瞬間的靜謐感頗為相似。這股想要達成某種目標的意志，就如同獵豹或游泳選手那樣，不是一股作氣，而是一種一步步地格物窮理，想要在某個時間點豁然通達的姿勢。但也存在著恐怕沒那麼簡單能夠達成的激情性預感及緊張……用功念書的人都會有這種感覺。

不過在日本有種完全相反的認知正在迅速發展擴散。眼鏡像牛奶瓶底部一樣厚而且臉色蒼白的書呆子，大概都會被認為與激情或是魅力之類的東西毫無瓜葛，但這是種錯誤的普遍看法。由於日本打造出靠著「用功念書」來提升身分地位的社會後，充其量只經過了一百多年，所以對於用功念書的想法與韓國完全不同。雖然被稱作是學歷社會，但對於學歷的想法卻是懷疑且仇視的。毫無來由地鄙視並冷眼相待那些認真念書的人，這種風氣會在社會上根深柢固地殘留下來，也是起因於學歷社會在日本的歷史尚淺的緣故。我還是小朋友的時候，附近有位白皙文靜的青年考上了東京大學。而我記得很清楚，在這之後附近的阿姨卻在背後說那位青年是個「瘋子」。怎麼會有這種封建性質的怨恨啊。在韓國就絕對不會發生這樣的事情。原因就在於韓國不是像日本或歐洲這種封建社會，而是由科舉制度所支撐起來的中華式王朝社會。

在現代，知識性工具的代表大概就是電腦吧。然而，盯著電腦螢幕敲鍵盤的模樣與手持文具凝視紙張的模樣相比，我認為前者欠缺了激情的要素。因為它保證了自己能夠一口氣抵達地球另一側這種毫無制約的信心，所以總覺得給人一種傲慢的印象。面對電腦的人深信瞬間抵達已知或未知的目的地是一種常態，在這段過程中只要多花了一點點時間就會暴跳如雷，萬一無法抵達，就對著螢幕詛咒全世界。能與不能之間，到底哪邊才是常態呢？我怎樣都無法認為是前者。

過去在首爾過著租屋生活的時候，四張半榻榻米大小的狹小房間內塞著三個人。一個是首爾大學數學系學生，認真念書想要「成為世界第一的數學家」；另一個是在神學大學讀書想成為牧師的學生，從早到晚都捧著聖經在背誦；然後只有我一個日本人在跟東方哲學奮戰。我們的房間瀰漫著一股異樣、讓人喘不過氣來的氣氛。在這緊閉的狹小空間內，有三名男生拚命在用功念書。比起人體散發出的熱氣，這裡滿鬱著的是一種精神上的悶熱，已經到了讓人呼吸困難的程度。最終我們還是無法忍受這種氛圍，各自竄逃到不同的圖書館去了。

這個房間的味道，還有男性的身體、衣服、毛巾、肥皂等的氣味，至今我都還時常想起。那的確就是種「乳臭未乾」的氣息。

走在高齡化社會最前線的日本，從來就沒聞到過這種「乳臭未乾」的味道。在過去曾充滿了青澀氣息的大學同好會房間內，現在已經人去樓空。學生們已不再是「乳臭未乾」，連男生都散發著化妝品的氣味，或者是腥臭野獸周身覆滿的慾望，也有人甚至已經散發出那種老成氣息的「老人羶」了。朋友間想要討論一些青澀的問題也沒有辦法。

而提到朝鮮王朝時代的成均館，那是一個聚集了從全國各地挑選出來的秀異之材，大家一起以科舉為目標認真念書，就像是國立儒學大學的場所。雖然提到儒學會讓人覺得有某種陳舊、老人氣息的感覺，但事實上卻完全不是這樣。這正是一處充滿著青春熱忱，乳臭未乾的殿堂。那些青澀的秀才孜孜不倦地學習宇宙的哲理以及人世的道理，可以想像得出他們會成為怎樣的人才。

科舉考試在朝鮮王朝之前的高麗王朝時代就已開辦，所以高麗王朝也有國立儒學大學。在首都開城也有同樣名為成均館的場所。一九九七年，我訪問現在已經成為北韓領土的開城時，曾去參觀過這間成均館，那裡已經被改建成小型博物館，而它過於殘破的模樣讓我目瞪口呆。「首次統一我國的就是高麗王朝！」當導覽員這樣解釋的時候，他那高傲的口吻仍在我耳邊迴響不已。

時值十六世紀，身為朝鮮王朝的激進基本教條主義者，文官趙光祖得到了中宗的信任，推動了一系列大膽的改革，卻因受到反對勢力誣陷而慘遭失敗。趙光祖以下這派人士全被定罪流放，而他本身則被賜死，但這時成均館有一千名儒生來到王宮前面示威，要求洗刷趙光祖的冤屈。

於是成均館儒生就成了代表朝鮮基本教義派的存在，現代韓國的學生示威運動就是延續著成均館的傳統。

但並不是每個人未來都會成為剛正不阿的道學者，只求科舉合格、富貴榮達的功利派也很多，這是人之常情，在所難免。

所以朱子學者們一定會反覆地對科舉進行批判。

但當然不能就此認為在成均館內切磋琢磨學問的學生，全都是一群抱著功利思想的書呆子。在日本，由於像科舉考試那樣透過國家級規模的學力測驗來選用人才的傳統尚淺（明治以後才開始），所以對於「用功念書」的概念，人們的認知仍然還停留在封建社會，認為書呆子是一種明顯的「惡」。

相較之下，韓國是儒教社會，用功念書完全被看成是「良善」的事情。在日本的話，用功念書絲毫不具有激情及吸引力，但在韓國以「擁抱天理或拒斥天理」的意思來看，用功念書就只有激情性。即便是在今日，對用功念書的魔力深深著迷的年輕人，仍然紛紛地被吸入了圖書館之中。

矛盾的聖性——尋牛莊

「以某個國家為目標，主張抵制、侮蔑的政策並以此教育國民，訓練士兵。不管其動機如何，這都不是一個國家應該採取的道路」……這是知名的殖民時期朝鮮激進抗日獨立運動家、佛教改革者及詩人卍海（亦作萬海）．韓龍雲（一八七九—一九四四年）的高聲宣言。

他到底是在抨擊什麼呢？讓人困擾的是，這並不是在說日本，而是在攻擊「對世界情勢認知錯誤並採行侮日、抗日這種自掘墳墓政策」的中國國民政府。這是一九三七年十月所寫的〈支那事變與佛教徒〉一文中的其中一節。

對於「支那事變」，卍海還說「能夠得到期待中的戰果，我與國民一同感謝日本政府」，甚至是悲愴地強調「大後方國民的義務」、「身為日本國民的態度與覺悟」、「後方國民的覺悟」。

抗日英雄卍海要是說出這種話，馬上就會演變成醜聞，所以在韓國隱瞞了這項事實。不過只要讀過卍海全集，應該誰都會注意到這件事情，但它就是悄悄地被遮掩了起來。

卍海在他火力全開的《朝鮮佛教維新論》（一九一三）中勇敢地主張僧侶可以娶妻，因而在韓國佛教界的評價並不好。但很清楚的是，主張身為「日本國民」的自豪及自覺，高喊要打倒中國的上述文章，製造了遠超過娶妻論的衝擊。這作為他個人風格的「為了抗日的戰術」也太過於逼真生動了。

雖然他說出了這樣的話，不過對我而言並沒有讓卍海的光芒蒙上陰影。施加道德批判實在是太容易了，但是這種道德性的瑕疵並沒有在他的詩詞上留下任何缺點。不對，反而是因為這種瑕疵而讓卍海的吶喊更生光輝。在矛盾本身之中才蘊含著極限的聖性，並透過矛盾本身而顯得更加燦爛。

對於這種「矛盾」的感性變得遲鈍的話，就會朝著錯誤的方向去認知歷史。本來，真實人類的行為就是一種矛盾的集合體，想在事過境遷之後用單一標準來做全面性解釋的作法，是對歷史的褻瀆。一旦喪失了對褻瀆的恐懼，就只會產生傲慢且毫無廉恥的政治性「歷史認知」。韓國的歷史認知在這一點上是錯誤的，而且日本右翼、左翼兩大陣營的歷史認知也只不過一種泯滅了對矛盾的感知，虛偽地建構出來的東西。

我持續思索無法直視卍海之矛盾的精神到底是什麼呢？

徹底無視於他真實的想法，僅憑自己的方便來塑造出卍海的形象。透過這件事情能得到的東西又是什麼呢？

其目的應該是要讓卍海臣服於政治性的歷史認知。比起卍海，政治更為重要，所以文學也得臣服於政治之下。

政治性的優越地位，深刻地支配著韓國的日常生活，壓得讓人們喘不過氣來。渴望著純粹的無矛盾性的同時，直到今日這頭政治性的怪獸還在首爾的大街上昂首闊步。

但是我們現在不得不想起的事情是，馴服矛盾、與矛盾嬉戲、在矛盾之中享受極致的生命，這種傳統在東方是存在的。

矛盾的聖性達到極致之後的結晶就是卍海的詩詞：

> 님（nim，對人的敬稱）離去了。啊啊！我愛的님過世了。
>
> 眾生若為釋迦的님，哲學則為康德的님。
>
> 您也有님嗎？若有，那並非님而是您的身影吧。

「님」指的是主上、君王，還有思慕的對象，而這是卍海思想的核心。

他的詩詞中到處都是矛盾。要是試圖做出統整性的解釋，只會產生誤解。

若是與韓國人談起卍海的詩詞，便會由於他們都會表現出過分整齊劃一宛如教科書般的回應而感到十分驚訝：「님指的是被日帝奪去的祖國……。」聽到這裡的我便會在心中低語：「好！我知道了，請你別再裝成一副喜歡詩詞的模樣，你喜歡的不是詩詞而是只有政治吧。」然後告辭離開。

住在首爾的時候，我經常去拜訪尋牛莊。這是卍海晚年居住的房子。它就靜靜地座落在城北洞的郊區附近。在地下鐵四號線的漢城大入口站下車，搭乘公車朝城北洞方向前進。我前往尋牛莊的時候，一定會在稍微前面叫做Sandari的公車站牌處下車，從那裡爬上坡道走到尋牛莊是最為愜意舒適的。爬上坡道之後，心情也開始激動了起來。維持著這份激動，從車道走進左側的小路。眼前是一面陡峭的高坡，尋牛莊現在也還在那裡。一想到這裡是卍海所居住過的地方，心情就更為亢奮了。

卍海、卍海、卍海、卍海、卍海……我一遍又一遍地覆誦這個人的姓名。此時，我的內心好像開始自豪地唱起了歌來。現代的韓國人並不了解卍海，反而是來自異國的，不，是來自於欺壓卍海國家的日本的我，更能深刻地了解卍海的矛盾，這是一種傲慢的矜持。

這樣說來，與尋牛莊有關的諸多「軼聞」當中，在韓國流傳的版本裡也有個和我合不來的故事。尋牛莊面向北方興建的理由，就是「因為朝向南方的話，就會面對朝鮮總督府，而卍海討厭這點」，這作為表達他高尚節操的證明而被流傳下來。但是，這個問題只要親自拜訪過尋牛莊就會馬上了解了。這座山（有城郭）的最高峰位於南側，而緊貼著其北側斜面的這棟房子，從位置上來看，原本就不可能蓋成面向南方的形式。卍海所說過的話一定是被後世的某人給英雄化了。

對我而言，這種事情怎樣都無所謂。「這並非님而是您的身影」。唯有這一句話，我的卍海才會是永恒的。

殉教的聖地——賽南地（Saenamteo，原稱沙南基）

若是談到在韓國最常使用「聖」這個字的場所，那果然還是與基督教有關的地方。光是查看手邊的字典，就有聖家、聖歌、聖經、聖句、聖劇、聖週五、聖女、聖年、聖堂（天主教的教堂）、聖徒、聖靈、聖禮、聖晚餐、聖面、聖麵、聖名、聖母、聖杯、聖父、聖事、聖像、聖書、聖洗（洗禮）、聖水、聖神、聖心、聖樂、聖夜、聖言、聖油、聖恩、聖意、聖日、聖子、聖殿、聖祭、聖鐘、聖地、聖餐、聖體、聖寵、聖祝、聖誕、聖血、聖號、聖化等，不勝枚舉。有與日語使用方式相同的詞彙，也有與日語不同的詞彙。而且也有從日本翻譯過來的詞彙在韓國扎根之後，在日本平常反而變得不再使用的情況。順帶一提，聖麵指的是彌撒中使用的麵包，聖號指的是在胸口畫上十字的標誌。

在這個國民約有百分之二十五是基督教徒（天主教百分之七，新教百分之十八）的國家裡頭，也是充滿了「聖」。不過由於不是洋溢在街道的表面，所以外國旅客很難發覺。可以試著進去每一間大廈裡頭都會有的教會看看，那裡頭莊嚴、毫無保留的聖性就像是粗糙岩石般表現出來，應該是來者不拒地在那裡等待著你的到來。

正式記錄中，朝鮮最初的基督教徒是李承薰，他於一七八四年在北京受洗。但由於朝鮮嚴格禁止基督教的緣故，在這之後持續出現了眾多殉教者（李承薰也遭到梟首），因此與基督教有關的聖地也很多。在這當中位於首爾的賽南地與切頭山，在天主教受難的意義上可以說是聖地中的聖地。

朝鮮王朝時代對天主教的大型鎮壓有辛酉迫害、己亥迫害、丙午迫害以及丙寅迫害，合計四次，天主教徒血流成河。

在這些鎮壓當中，黃嗣永（一七七五—一八〇一年）用密密麻麻的細小文字記載成帛書，偷偷送往北京，揭露朝鮮迫害教徒的慘狀，這是朝鮮基督教歷史中所流傳的聖布。我曾經看過實物，彷彿靈氣般的東西散發著強烈的光輝。

在現今韓國天主教中，作為最神聖的殉教者，受到大家尊崇與景仰的大概就是金大建神父（聖名Andrew安德魯，一八二一—一八四六年）。他的父親也是天主教徒並於己亥迫害中殉教。金大建在少年時期離開朝鮮前往澳門，在當地的神學校學習。後來回到朝鮮祕密從事傳教活動，並且為了傳達朝鮮的情況又再次遠渡到中國上海。他的勇敢舉動受到高度評價，被認為是第一位朝鮮籍神父。最後是在回到朝鮮從事傳教活動的途中遭到逮捕，一八四六年九月十六日在賽南地被處刑，梟首示眾。

拜訪賽南地聖堂時，會看到寂靜幽暗的走廊上掛有聖安德魯金大建神父的肖像。他有著一

張修長且白皙的臉龐，細長清秀但明亮的雙眼，充滿一種靜謐之中的熱情。解說寫道：「對創造這個世界的하느님（ha-neu-nim，上帝）盡孝，就是金大建神父思想與靈性的核心。」將儒教的「孝」與基督教的教理合而為一來解釋，在這片土地上是很稀鬆平常的事情。

年輕俊秀的青年神父，他的聖血揮灑在這塊漢江之畔的賽南地上。這個地方從朝鮮王朝時代起就是軍事演習以及處刑犯人的場所。雖然現今都會的嘈雜喧囂也能感染此處，但是在過去這裡是個多麼淒涼悲愴的地方啊。

金大建神父在這裡遭到處刑之後，聖骸被安放在也位於漢江旁的切頭山上。峭壁般聳立在漢江旁邊的切頭山後院中，佇立著金大建神父的巨大銅像，虔誠的信徒們在此祈禱。漢江吹來一陣陣溫熱的徐風，這是與對岸汝矣島商業街完全對比，沉寂肅靜的神聖時光。附帶一提，鄰近切頭山殉教紀念館的地方有座外國人墓地，在這片土地上殞命的外國傳教士就靜靜地沉眠於此處。

這個地方為什麼會和蟬鳴如此地搭配呢？直讓人覺得不可思議。

神祕的首爾——光熙門

夕陽時分的首爾東南方有座光熙門。就因為「光熙」（光芒閃爍）這個名字，讓人浮現出一種朦朧的明亮感。商業區裡頭的普通人家。從鄰近的東大門市場附近湧來的擁擠車陣。在這塊鬧區附近，實際上是王朝時代神祕首爾的代表性場所，但現在知道的人不多了。不管是詢問住在首爾的韓國人，還是計程車司機，三個人裡頭就會有兩個說「不知道光熙門在哪」。

有著「水口門」、「屍口門」、「黃泉門」等別名的這座大門，在過去是用來丟棄那些在城內得了流行病瀕死或是已死者的場所。

那是怎樣的一副光景呢？被丟棄的肉體不久就被紫色浮腫及屍斑覆蓋並腐爛，飄散著陣陣屍臭。鬼火在空中飛舞，鬼魂唏噓啜泣聲此起彼落，或許乞丐們就聚集在死屍堆旁，還聚集了一群野獸貪婪地啃食著屍肉。這一定就像是日本中世紀時所繪製的〈九相詩繪卷〉裡頭那種屍體、地獄畫面的光景。Memento mori[8]。

頗有意思的是，住在鄉下的人要前往京城的時候，很多人都會被拜託說「要前往首爾的話，請幫我削些光熙門石頭的碎屑粉末」。他們相信在這座門沾染了眾多亡靈怨念的石頭之中，寄宿著某種超乎人類智慧之外的靈力。就是在這種最令人感到恐懼的事物裡頭，才蘊含著最為強大的咒力。

原本韓國從古時候就確實存在著各式各樣驅邪避凶、降妖除魔的法術。他們是以「病魔纏身」來形容「生病」的情形，而為了不讓鬼神潛入身體之中，或是將已經進入身體之中的鬼神驅趕出去，實際上使用了很多種方法。

殖民時代的朝鮮總督府將對此進行調查的結果整理成了《朝鮮的鬼神》（村山智順著，朝鮮總督府編，朝鮮總督府出版，一九二九）一書。這本書將禳鬼法分類成毆打法、驚壓法、火氣法、刺傷法、封縛法、供品法、恭順法、符咒法、借力法、飲食法、顧墓法、五感法、接觸法、遮斷法、陰陽法以及其他等類別。

根據這種分類法，飲用光熙門石頭粉末的做法應該就是相當於飲食法。關於飲食法就如同以下的內容，這裡只介紹其中的一小部分。

- 將人骨燒烤煎煮過後飲用，對治療瘧疾有效。
- 初產婦女的胎盤風乾後煎煮飲用能治療肺病。
- 人的糞便放進布袋煎煮飲用的話能拿來治療傷寒。
- 處女的尿液摻進硫磺放置一個晚上後，在日光下曝曬乾燥而成的東西磨成粉末狀飲用，能治療淋病。
- 流產的時候，食用其死胎胎兒的話，對產後的康復很有幫助。
- 飲用深山岩石凹陷處雨水腐敗後的液體的話，能治療婦女疾病。
- 將啤酒瓶磨成粉末後飲用，對生理痛及子宮出血有效。
- 豬糞對淋病、消化不良、蛔蟲等各種疾病有效。

其他像是小孩子的肝臟、幼童的陰莖、狐狸的內臟、狗的眼球、雙親的尿液與豬血的混合

8 譯註：Memento mori為拉丁文，意指「不要忘記自己總有一天會面臨到死亡」。

物、女性的陰毛、處女的月經血、死者的陽物等等，就連這些東西都一個接著一個地拿來食用。

街頭巷尾煞有其事地謠傳，在韓國現在仍然存在著祕密買賣臟器的行為。九〇年代在大川這個地方，發生了嬰兒與幼童接連不斷遭到綁架，並將只有內臟被摘除的屍體隨意拋棄的事件。但這個時候也謠傳說，是否是為了治療難以醫治的疾患，才將希望寄託在內臟上頭。

不過光熙門的石粉並不單純只是飲食法而已。因為飲食法大多是要將血液、生殖器、內臟、糞便這類生命力的象徵攝取進入體內的作法。而在光熙門石頭的情況中，還加上了「應當畏懼之物」的靈力在運作。

作為利用這股靈力來驅邪避凶的方法就是驚壓法。這也有各式各樣的做法，但「不管是誰說了什麼，沒有比官府的力量更為可怕的事物了」（前揭書）。因此他們深信：只要在瘧疾患者的上衣背後添加上蓋有政府機關首長印鑑的紙張，或是將蓋有郵局日期章的紙張燒成灰摻入清水讓患者飲用，並且還要在患者的背後貼上三張蓋有郵戳的郵票，又或者是將寫有「警察」字樣的紙張縫在衣服上頭就能完全治好瘧疾。而且在某個地方流行性感冒極為猖獗的時候，很多人家都會將寫有駐在所巡查或普通學校校長名諱，還有「朝鮮總督　齋藤實」等字樣的符咒，貼在大門口以驅趕病魔。

這些行為可不能用「現代的」眼光來當成是迷信而一笑置之。因為「神聖」與這種令人感到畏懼的事物幾乎只有一線之隔。

死六臣的聖性——鷺梁津

在韓國念書的時候，朋友裡頭有位出身寧越的男性。他是一位眉清目秀、性格溫柔的男生。寧越是位於江原道山間的一個城鎮，而聽到這個地名的韓國人都會不由得肅然起敬。因為這裡就是著名的朝鮮王朝悲劇性年幼國王端宗（在位期間一四五二—一四五五年）的流放處。

而且，一提到端宗，韓國人就會想起死六臣的故事。故事是這樣的。有著創造訓民正音等事蹟，打造出輝煌文化王國的世宗逝世之後，其子文宗（在位期間一四五〇—一四五二年）也很早就病死了，於是文宗之子端宗在十一歲的年紀就登基為王。這時候世宗的次子首陽大君對於王權的弱化抱持著危機感，便發動軍事政變掌握了實權。年幼的端宗被迫退位，由首陽大君也就是世祖即位。此時，成三問、朴彭年等人試圖讓端宗復辟而策畫的行動宣告失敗，相關人士共十七人遭到處刑。這些人當中，成三問、朴彭年、河緯地、李愷、俞應孚、柳誠源被後世特別尊為「死六臣」以彰顯他們的忠義氣節。除此之外，也有逃過處刑，但此後一生未曾就任過官職的「生六臣」。端宗遭到廢黜之後被貶為魯山君，流放到寧越這塊地方。最終還是被世祖賜藥毒死，結束了短暫的一生。

死六臣被當成是像日本赤穗義士[9]那樣，絲毫不改對主君忠義的士人，因而受人稱頌樂

9　譯註：日本元祿年間，赤穗藩藩主淺野長矩因與高家吉良義央發生衝突，而被不明究理的將軍下令切腹並廢藩，但另一方卻無任何處罰。於是為報舊主之仇，四十七名赤穗藩舊臣衝入吉良宅邸將其斬殺。

道，但這是到了中宗的時代，新進士大夫們為主張朱子學的名分論而加以表揚的。他們所貶低的世祖，雖然的確在獲取政權的過程中採取了暴力手段，但其治世卻留下了巨大的成果。也有因為世祖保護佛教，而讓朱子學基本教義派對他印象不好的緣故。

死六臣的墳墓就在現今漢江南岸的鷺梁津。為了主君決心以死就義的行為，從現在的角度來看是一種前現代的作風。但是我從這種行為裡頭感受到了無限的聖性。為了絕對無法成功的「完全的義理」而奉獻出自己的生命，這是何等的激情啊。

前往聖首爾

那麼，行文至此我們拜訪了十二個場所的同時，還討論了首爾所蘊含的聖性。在儒教、佛教、地理風水、巫教、基督教等思想交相累積起來的這個都市當中，能夠發現許許多多不同形式的聖性。

聖性也存在於扭曲及矛盾之中，更與激情一體化。可是對聖性的狂熱投入及基本教義化，也與為了死守聖性的排他性聯繫在一起。在韓國，宗教間的對立是根深柢固的。身為始祖神的檀君雕像，頭部不知道被誰給砍下，民間信仰中的長柱（立於村落入口等處的守護神像）被砍倒的行為也屢見不鮮。

雖然不至於發展到提出聖戰之類的概念，或幹出傷害無辜民眾的行為，但正是因為在韓國圍繞於宗教與聖性之間的對立帶有基本教義派的傾向，所以才讓人覺得擔心。

但同時我們要思考的是，與現今日本這樣變得聖性極度稀薄的社會相比，到底哪一邊才幸福的問題。

後記

我所寫的關於韓國的文章，大致上來說分成兩種。

一種是客觀且艱澀的「韓國分析」。對象是文化、是社會、是思想，試著極力排除我個人的想法，貼近「韓國」這個對象來進行陳述。《韓國是一種哲學》（講談社現代新書，一九九八。後來為講談社學術文庫，二〇一一），我認為就是其中之一的里程碑。

另一種是將極為主觀的「想法」化為文字的「韓國隨筆」。相較於專注於韓國本身，這是加進了大量「我個人面對韓國時」這個面向的散文。《韓國，愛與思想之旅》（大修館書店，二〇〇四），對我而言就是這方面最為重要的成果。

而本書恰好就是以位於上述二者之間的文體所寫成的。

在「韓國分析」的內容裡頭行文卻偏向隨筆，在「韓國隨筆」之中卻又使用大量分析的口吻。

韓流熱潮之後，「想要了解韓國」的日本人一下子大為增加，讓我有種使命感，想要實用性地回應這些人「想要知道」的欲望，這或許讓本書摻雜了太多「我個人的想法」。

話雖如此，但對於回應那些希望「關於韓國的事情，即便是隨心所欲的小品文也想要瀏覽一下」的人來說，說教性的頁數好像也太多了的樣子。

或許是完全掌握了本書如此這般的文體吧，所以編輯替這本書下了《心で知る，韓国》這樣的標題。想要將「心」的面向與「知」的面向完美地協調在一起，這就是編輯的想法。但不知道本書是否能回應他的這種想法。

本書所收錄的文章，原本大多都是應各家報章雜誌的要求而寫的，然後將這些文章再以「從心理層面來了解韓國、韓國人」的概念來加以刪改，重新編輯。

從企畫到校正的最終階段，儘管身懷六甲仍然以輕鬆愉快的工作態度，充滿活力地完成這本書的岩波書店渡部朝香女士，我在此要對她表達由衷地感謝。

此外，本書是由以下各家報章雜誌上所刊載的文章交織而成的。這裡對每一篇文章的責任編輯表達感謝之意。特別是對在《中外日報》（二〇〇一年四月—九月）上連載的〈聖首爾〉、《統一日報》（二〇〇三年十月—二〇〇四年十月）上連載的〈小倉紀藏私家版・韓國思想辭典〉上，受到了佐藤孝雄、上田勇實兩位先生的關照，借這個機會向他們表達感謝之意。

《中外日報》二〇〇一年四月十四日—九月二十二日
《統一日報》二〇〇三年十月二十二日—二〇〇四年十月十三日
《東洋經濟日報》二〇〇三年三月二十八日
《日本經濟新聞》二〇〇五年一月二十九日

《每日新聞》二〇〇五年八月九日
《讀賣新聞》二〇〇四年六月二日
《ASIANA》（韓亞航空）一九九五年三月
《CAT》（ALC）二〇〇二年十二月
《Domani》（小學館）二〇〇四年十月
《GCD英語通信》（大修館書店）二〇〇五年五月
《it's KOREAL》（Okala出版）二〇〇四年十一月—二〇〇五年四月
電影《春夏秋冬又一春》導覽手冊（Bunkamura）二〇〇四年十月
《韓國學的全部》（新書館）二〇〇二年五月
《韓流連續劇——「愛」與「夢」的故事》（集英社）二〇〇五年四月
《木野評論36——關於愛的21個討論》（京都精華大學情報館）二〇〇五年三月
《月刊百科》（平凡社）二〇〇三年九月
《Sinica》（大修館書店）二〇〇一年二月、七月、二〇〇二年五月
《週刊朝日百科——世界百大都市：韓國首爾》（朝日新聞社）二〇〇一年十二月
《週刊朝日別冊——小說TRIPPER》（朝日新聞社）二〇〇五年九月
《「情報懇話會21」會報》（連合通信社）二〇〇四年十月
《青淵》（澀澤榮一記念財團）二〇〇四年十二月

《Saenuri》（Saenuri文化情報中心）二〇〇三年八、九月
《大航海　No.36》（新書館）二〇〇五年十月
《筑摩》（筑摩書房）二〇〇〇年三月
《知識攻略　思想讀本6——韓國》（作品社）二〇〇二年五月
《完整韓國》（大修館書店）二〇〇二年四月

小倉紀藏

岩波現代文庫版後記

這本書原本是在二〇〇五年以單行本形式發行的。從那時候到現在，經過了將近七年時光。因為韓國社會是瞬息萬變的，想當然耳，這七年間的變化也是相當地大。一言以蔽之，可說是「由於全球化更進一步地推動，導致了經濟的增大化，隨之而來的不良影響，也跟著擴大」。

伴隨著全球化，韓國已經變得相當地巨大。三星、LG、現代汽車，這些全球化企業的業績有著飛躍性成長，不是將日本企業打得體無完膚，就是以驚人的速度急起直追。很明顯的，韓國因為賺取外匯而變得富裕。韓國的名目GDP（美金）是日本的百分之四十九（二〇一〇年），雖然還仍然看得到日韓之間的差距，但只拘泥於這個數字上頭可就大錯特錯了。以購買力平價指標來看，韓國在二〇一〇年的實質GDP（美金）是日本的百分之八十九。二〇〇〇年是日本的百分之六十五，一九九〇年是百分之四十二，而一九八〇年是百分之二十七，所以只能說韓國是以不可思議的速度急起直追了上來。順帶一提，二〇一一年預測會達到日本的百分之九十二，可以說日韓之間的差距已經幾乎不存在了（出自：《IMF-World Economic

Outlook》，二〇一一年九月版）。

明明是「用心了解」的這本書，為什麼會忽然提出這些數字呢？這是因為人們的心理容易被數字所左右。即便不清楚上述數字的具體意義，但或多或少還是能夠憑感覺來捕捉到這些數字所呈現出來的實際狀況。大概在這十年之間，日本人也從身體感受到了韓國經濟的急速成長。當然相較起來，中國的成長更為顯著。所以大眾媒體主要都是以中國的經濟成長為報導重點，不過儘管韓國的情況被中國所遮掩而沒有辦法清楚了解，但日本人還是隱約地感受到韓國的高度成長比中國持續了更久。在此時吹起了一陣名為韓流的大眾文化熱潮，因而產生了「快速且持續變動的韓國／遲緩且毫無變化的日本」、「經常傳達魅力的韓國／無法傳達魅力而遭到忽略的日本」這種對比的形象。簡單地來說，韓國政府在「國家品牌」政策中所使用的「動態韓國」口號，如實地呈現在眼前。

有些日本人敏銳地感受到中國及韓國成長所帶來的心理壓力，隨著這類人數的增加，對中國及韓國抱持著否定意識的日本人也隨之增多。這些人被歸類成為反中、仇韓。他們或許會說：「這與經濟沒有關係。只是對中國人的傲慢以及韓國捏造歷史的行為譴責批判而已。」這個論點或許是正確的，但無法否認的是，其背景裡頭存在著「被中韓壓迫的日本」的心理。

而且，批判韓國的人並不只是為了要糾正他們在歷史認知及領土政策上的錯誤，還採取了將「韓國是怎樣一個問題眾多的社會」提出來討論的戰術。譬如在網路上用輕蔑態度論述韓國社會性犯罪是如何地嚴重，或是韓國社會是如何地腐敗的做法，雖說是在匿名的網路上，但他們歧視民族的言論是絕對不能被原諒的，而且也不能否定這與仇恨言論有所關聯的危險性。不過，另當別論的是，也不能忽略所謂網路右翼（在網際網路上發表右派言論的人），他們熱心指出的「韓國社會問題點」，大多都與實際狀況相去無幾的事實。

如果日本這個國家的網路右翼其實是那些被持續擴大的社會差距、就職困難以及對未來的不安感所折磨的一群人，那我們要注意到的就是被他們選擇成為「發洩出口」的韓國社會也同樣地，不對，是處於比日本更嚴重的情況。如果是將自身處於毫無希望狀況下的不安，與在鄰近國家中找尋「敵人」並對其發表汙辱言論連結在一起的話，這就可以稱之為是高原基彰口中的「不安型民族主義」（高原基彰，《不安型民族主義的時代》，洋泉社，二〇〇六）。

由於中國及韓國的經濟成長，的確使得日本經濟相對地弱化，如果認為這造就了日本人的經濟困境，那麼將中國及韓國視為敵人的心理，在某種意義上可以說是具有合理性的。但是如果稍微轉變一下視角的話，一定就會看見不一樣的景色。不只是看全球化之下光明的部分，如果往陰暗處看去，就會了解韓國的情況也是相當地嚴重，而這是網路右翼自己發現到的知識。

其背景存在著以下事實。韓國的主要報紙媒體全都在經營內容充實的日語版網路新聞，而當中無時無刻都在赤裸裸地報導韓國社會的嚴重問題。看到這些報導，日本的網路使用者都會覺得大吃一驚：韓國居然是有著這麼嚴重問題的社會！居然會有著這麼腐敗的人們生活於其中！在這種驚訝狀態下，再看到韓國人對日本那種毫不遮掩的對抗心態，以及相當程度屬於杜撰的自我中心的歷史認知，也會讓他們再一次感到震驚。

重要的是，這些認知本身並非偏見。韓國的新聞是他們自己向日本揭露的（原本是針對他們國民的言論，但由於原封不動地翻譯成了日語，所以毫無祕密可言），網路使用者透過接觸這些報導，演變成日本人普遍共同擁有這些資訊的事實。而且報導的內容與日本大眾媒體上報導的「韓國真棒」、「日韓友好」這類內容完全相反。網路使用者對此感到訝異，並對韓國傲慢自大杜撰出來的日本認知進行抨擊，與此同時還試著想對抗日本大眾媒體的「偏頗」報導。

因此仇韓人士的言論之中，應該也看得到當中具有一定程度的意義（不過民族歧視以及與仇恨言論相關的內容是絕對不被允許的）。如果將韓流愛好者視為是在日韓友好的目標之下出現的正確存在，並認為仇韓人士是為了阻止日韓友好而產生的邪惡存在，這種二元對立的區分法是完全錯誤的。由於日本一小部分的媒體及學者做出了這種區分，所以仇韓這一方日益焦急。我的立場從一開始就是主張「韓流與仇韓流是系出同源的」。由於從一九七〇年代起展開了後現代化，變革的主體性幾乎完全遭到解構的日本社會充滿了壅塞感。就這樣安穩地來到二十一世紀之後，突然出現了一群韓國電影及連續劇的主角，他們擁有正面挑戰命運的主體性，使人從中感受到魅力，這就是韓流的起因。此外，對於將錯誤的歷史及錯誤的日本認知放大的韓國，高調宣揚要嚴正予以追究的那種主體性，則是仇韓流的根源。無論何者，關鍵字都是日本人長久以來所遺忘的詞彙——「主體性」。

不過，仇韓這方所發現的「韓國社會的陰暗面」，從其他的角度來看也是件很重要的事情。也就是說，這是由於全球化以及新自由主義的意識形態，使得自己國家經濟及社會扭曲變形的過程中所發生的事情，在這層意義上，韓國與日本有著相同的問題。從這個角度來看的話，日本與韓國並不只存在著敵人或對手的關係，在策略方針上或許也能夠建立起作為同樣具有同一時代問題的「問題共有者」關係。

這樣來想的話，從就職困難及社會差距，社會安全網及公共部門的角色，到民主主義機能不完全及教育的不良影響等，幾乎在社會的所有的領域上，都能確實地看見韓國也同樣存在著日本所苦惱的問題。在經濟指標中看見希望的韓國，實際上國內的「隔閡」已高高築起，國民被迫加入攀登這座高牆的激烈競爭，只有勝者能夠生存下來，而敗者則無處容身……他們就是在進行著這種比賽。不如說韓國社會生存競爭的殘酷程度，原本就比日本還要來得更為嚴苛，不過日本在結構上也有很多地方與韓國相似，在這意義上也是具有相同的問題。

「課題先進國」（小宮山宏，前東京大學校長的話）不只是日本，韓國也是一樣的。就好比說，雖然關於課題A的處方箋是由日本拔得頭籌，但課題B的解決方案則是韓國取得成功。就像這樣，現在不是日韓某一方可以全面性地走在前頭的時代。換言之，對日本而言，應該注意到的是「可供學習的對象」就是近在咫尺的國家。從對手的成功或失敗之中記取教訓並為自己所用。我們應該確實地認識到，不是與遠在天邊的歐美，而是與鄰國建構起這種關係會帶來多大的好處。

這或許是要日本與韓國在同樣的道路上前進，但並不意味著雙方要變得一模一樣。在拙著《混同化的日韓兩國》（NTT出版，二〇一〇）裡頭也說過一樣的話，日韓不可能會變得一模一樣，而且同一化也並不是件好事。如果「共同體」（community）的概念是具有「一起相同」的意涵，那日韓就不能以共同體的概念做為目標。本來共同體指的並不是相同的人，而應該是用來指稱各式各樣的人聚集在一起並建構起關係的說法。所以為了避免「一起相同」的誤解，或許不該使用「共同體」，而是「共異體」的說法會更加容易了解。雖然是「一起不同」，但一邊建構起彼此互相學習、互相競爭的關係，一邊共生共存下去。

歷史認知以及領土的問題也是非常地重要，不過不可以單憑這點就固執地用道德意識抨擊對手的錯誤，並因此試圖讓自己置於比對手更高的層次。某一方勝利或失敗的零和遊戲，只要國家這種框架還存在著就無法避免。但對手國家不是只有「敵人」，或許還存在著「朋友」或「同志」，所以最起碼某種「共有者」程度的認知是必須的。我認為將這種看法當成是出發點，來建構出某種具有創造性的關係是非常重要的。

但是不可以將這種看法再升高一個層級，強迫大家具有「日韓一定得是真正的朋友關係」或「日韓才是擁有相同體制，共同走在相同道路上的同志」，這類令人覺得不舒服的認知。日韓只不過是單純彼此相鄰的國家夥伴而已。日本人沒有全部都要喜歡韓國的必要，韓國人也沒有全部都要理解日本的必要。雙方的關係不是以國家為單位而形成的，可以有喜歡的人也可以有討厭的人。

但是，為了建立起更加完美的鄰國關係，不能從對手位於自己上位或下位的觀點，而是要以「擺脫過時的世界觀」的態度來看待才是最重要的，這也是為了自我成長所必須的。而且在這背後，訴說著歷史、語言及文化的「心理」，與這方面相關部分的互相了解比起任何事物都還要來得更為重要。

本書的前身於二〇〇五年發行，在韓流旋風掀起前後所撰寫的本書文章，是受到了當時日本人「想要了解韓國」的熱情影響。

這次聽到本書將要文庫化的傳聞，讓我稍微回想起那時候的熱情。一度從書店中消失的書籍就這樣地重新得到了生命，真讓人覺得不可思議。不過文庫化的時候，刪除了原本書中每一章之間插入的專欄，這是因為這些文章的風格與本文的其他部分不同，多少有些不協調的感覺。此外還在某些地方修正了詞句以及表現的方式。

對於幫忙本書初次問世的渡部朝香小姐以及再次賦予此書光明的大塚茂樹先生，致上由衷地謝意。

小倉紀藏

聯經文庫
用心了解韓國：通往韓式心靈的十二個關鍵字

2014年11月初版　　定價：新臺幣320元

著者　小倉紀藏
譯者　何源湖
發行人　林載爵

叢書編輯　陳逸達
封面設計　陳怡今

出版者　聯經出版事業股份有限公司
地址　台北市基隆路一段180號4樓
編輯部地址　台北市基隆路一段180號4樓
叢書主編電話　(02)87876242轉225
台北聯經書房　台北市新生南路三段94號
電話　(02)23620308
台中分公司　台中市北區崇德路一段198號
暨門市電話：(04)22312023
台中電子信箱　e-mail：linking2@ms42.hinet.net
郵政劃撥帳戶第0100559-3號
郵撥電話　(02)23620308
印刷者　世和印製企業有限公司
總經銷　聯合發行股份有限公司
發行所　新北市新店區寶橋路235巷6弄6號2樓
電話　(02)29178022

行政院新聞局出版事業登記證局版臺業字第0130號

本書如有缺頁，破損，倒裝請寄回台北聯經書房更換。　ISBN 978-957-08-4473-3 (平裝)
聯經網址：www.linkingbooks.com.tw
電子信箱：linking@udngroup.com

KOKORO DE SHIRU, KANKOKU
by Kizo Ogura

First published 2005 by Iwanami Shoten, Publishers, Tokyo.
This complex Chinese edition published 2014
by Linking Publishing Company, Taipei
by arrangement with the proprietor c/o Iwanami Shoten, Publishers, Tokyo

國家圖書館出版品預行編目資料

用心了解韓國：通往韓式心靈的十二個關鍵字/小倉紀藏著．何源湖譯．初版．臺北市．聯經．2014年11月（民103年）．312面．
14.8×21公分（聯經文庫）
ISBN　978-957-08-4473-3（平裝）

1.文化研究　2.韓國

541.263　　103020257